Andreas Langer
Hannelore Langer
Barbara Mang
Suse Schöttle
Gabriele Strehle

Jedes Kind kann Lernen lernen

Das Praxisbuch für die Grundschule

Oldenbourg

PRÖGEL PRAXIS 249

Bibliografische Information Der Deutschen Bibliothek
Die Deutsche Bibliothek verzeichnet diese Publikation in der Deutschen Nationalbibliografie; detaillierte bibliografische Daten sind im Internet über <http://dnb.ddb.de> abrufbar.

Das Papier ist aus chlorfrei gebleichtem Zellstoff hergestellt, ist säurefrei und recyclingfähig.

1. Auflage 2005 RE

Druck 09 08 07 06 05
Die letzte Zahl bezeichnet das Jahr des Drucks.

Umschlagkonzept: Mendell & Oberer, München
Umschlaggestaltung und -illustration: Lutz Siebert-Wendt
Lektorat: Antje Glimmann, Rheda-Wiedenbrück
Herstellung: Fredi Grosser
Illustrationen: Kristina Klotz, München
Satz: Greipel-Offset, Haag/Obb.
Druck und Bindung: Schneider Druck GmbH, Rothenburg ob der Tauber

ISBN 3-486-**96086**-5

Inhaltsverzeichnis

Vorwort

Das Bild des „Nürnberger Trichters“ spiegelt einen alten Menschheitstraum wider. Der Lehrende füllt die Weisheit, das Wissen, direkt in das Hirn des Lernenden, wo es stets abrufbereit gespeichert bleibt. Unter dem Deckmantel der Suggestopädie versprechen Institute das „Lernen im Schlaf“. Die neuesten Hoffnungen ruhen auf den Ergebnissen der modernen Hirnforschung: Wer das Hirn versteht, kann einen Weg aus der Bildungsmisere finden.

Die entscheidende Rolle beim Lernen spielt aber immer noch die Eigenaktivität des Schülers. Lernerfolge werden nach wie vor auch durch Mühen und Anstrengungen erreicht. Darum gibt dieses Buch dem Lehrer Tipps, wie er dem Schüler helfen kann, das Lernen zu lernen.
In einem theoretischen Teil über die Grundlagen des Lernens, des Lernen lernen beim Kind und des Lernen lehren beim Lehrer werden die Voraussetzungen für die Gestaltung des Unterrichts dargestellt.
Die Beispiele aus der Praxis beginnen mit einem Lehrgang in 11 Schritten: Lernen lernen – Training. Danach folgen Unterrichtsbeispiele zu den Fächern Deutsch, Mathematik, Sachunterricht unter Beachtung der Lerntypen und kindgemäßer Lernstrategien. Das Kapitel „Ausgewählte Maßnahmen“ zeigt, wie offene Formen des Unterrichts die Erkenntnis, dass jedes Kind anders lernt, berücksichtigen.
Möge dieses Buch in den Zeiten nach Pisa den Lehrern helfen, die Schüler das Lernen lernen zu lehren.

1. Grundlagen des Lernens

1.1 Notwendigkeit des Lernens

Der Mensch ist bestimmt durch seine Fähigkeit zu denken und zu lernen. Diese hilft ihm, seine Persönlichkeit zu entwickeln und sein Bildungsniveau zu erreichen. Die Grundlagen für selbstständiges, eigenverantwortliches Denken und Handeln werden insbesondere in der Schule erworben. Jeder Mensch lernt anders. Die Eigenaktivität, das Lernen im Miteinander, die erworbenen Lernerfahrungen und die Erfolgserlebnisse spielen im Lernprozess eine wesentliche Rolle. Jeder nimmt Informationen individuell auf und entwickelt eigene subjektive Vorstellungen, die durch das beständig fortschreitende Lernen objektiviert werden. Neue Informationen werden mit bereits vorhandenen verknüpft. Daher ist es notwendig von den persönlichen Erfahrungen und Erlebnissen auszugehen.

Die sich ständig wandelnde Gesellschaft mit veränderten Ansprüchen an Ausbildung und Beruf erfordert lernbereite und lernfähige Menschen, die ihr Leben eigenverantwortlich und selbstständig in die Hand nehmen können. Um diesen Ansprüchen gerecht zu werden, müssen die Kinder von klein auf unterstützt und gefördert werden. Somit kommt dem „Lernen lernen“ eine besondere Bedeutung zu. Über das eigene Lernen soll nachgedacht, Lernerfahrungen sollen bewusst gemacht und reflektiert werden.

Die Kinder sollen im Laufe ihrer Schulzeit ein Repertoire an Techniken und Methoden, Tipps und Tricks sowie Lernstrategien erwerben, das ihnen ermöglicht, sich selbstständig Wissen anzueignen und damit verantwortungsbewusst umzugehen. Die Berücksichtigung lerntyporientierter Lerntechniken unterstützt selbstständiges und selbstverantwortetes Lernen. Multisensorisches Lernen, d. h. den Lerninhalt über mehrere Sinneskanäle aufzunehmen, erhöht die Chance, das Erlernte zu behalten. Für jeden Lerntyp gibt es geeignete Unterstützungsmöglichkeiten, die das Lernen und Behalten fördern.

Körperliche, soziale, seelische und geistige Komponenten beeinflussen das Lernen. Negativ belastet können sie zu Lernblockaden führen. Der Lehrer muss seine Schüler gut kennen, um individuell auf sie einzugehen.

1.2 Biologische Grundlagen

Hirnphysiologie und Gedächtnis[1]

Unser Gehirn wird ständig von unzähligen Reizen überflutet. Je nach Art des Eingangskanals sprechen wir von akustischen, optischen, haptischen, olfaktorischen und gustatorischen Reizen.

Wie aber sortiert das Gehirn aus, welche dieser Reize „merkwürdige Infos" enthalten? Welche Abläufe sorgen dafür, dass wir uns an manches erinnern, an anderes wiederum nicht?

Gedächtnisstufen[2]

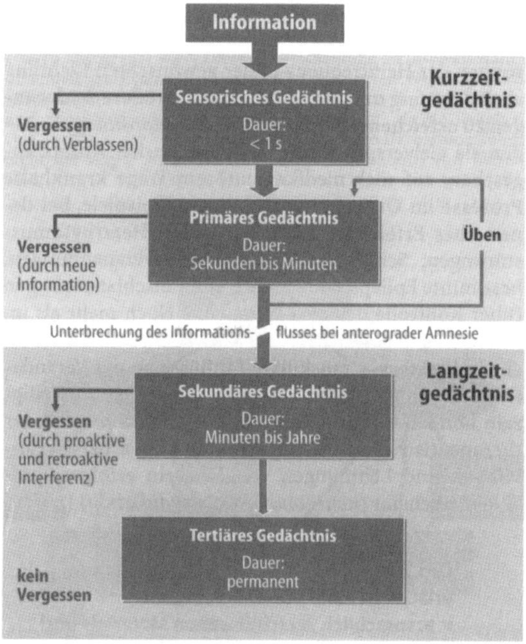

- UKZG = Ultrakurzgedächtnis = sensorisches Gedächtnis
  - alle Reize, die uns erreichen
  - Speicherung nur für wenige 100 Millisekunden
  - automatische Speicherung
  - sofortiges Vergessen durch Verblassen und aktive Überschreibung

[1]) nach Birk, Anja: Referat im Studienseminar. München 2004
[2]) Schmidt, R., Thews, G, Lang, F., Physiologie des Menschen. Springer Verlag. Berlin 2000

- KZG = Kurzzeitgedächtnis = primäres Gedächtnis
  - kleinere Kapazität: nur 7+/–2 Informationseinheiten
  - Speicherung: Sekunden bis Minuten, zeitliche Ordnung der Informationen
  - In diesen Speicher gelangt nur verbal kodiertes Material.
  - Üben durch Wiederholen erhöht die Verweildauer und erleichtert den Übergang in das sekundäre Gedächtnis.
- LZG = Langzeitgedächtnis = sekundäres und tertiäres Gedächtnis
  → sekundäres Gedächtnis
    - Speicherung: Minuten bis Jahre
    - Vergessen durch pro- oder retroaktive Hemmung (vorher oder später Gelerntes, das im Widerspruch zur Information steht)
  → tertiäres Gedächtnis
    - Speicherung permanent
    - kein Vergessen

Physiologische Grundlagen

- Großhirnrinde

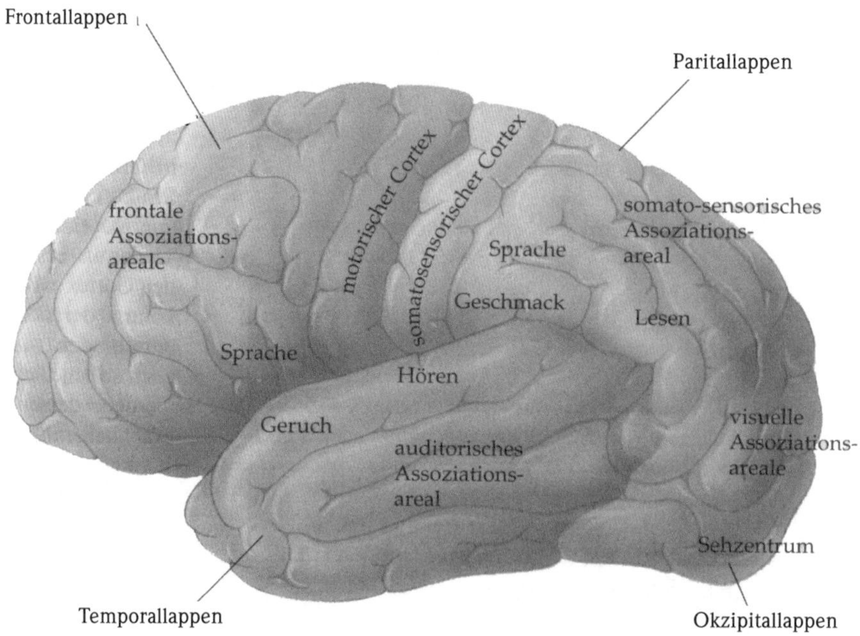

Campbell, Neill A., Biologie. Spektrum Akademischer Verlag. Heidelberg 1997

- Cortex ist unterteilt in 5 Lappen (5. Lappen Insula liegt in Falte zwischen Temporal- und Paritallappen).
- Auf den verschiedenen Lappen liegen die Assoziationsareale und Zentren der verschiedenen Sinnesorgane.
- nicht nur Areale für die 5 Sinne; besondere Areale für u. a. Lesen und Sprache

- Limbisches System

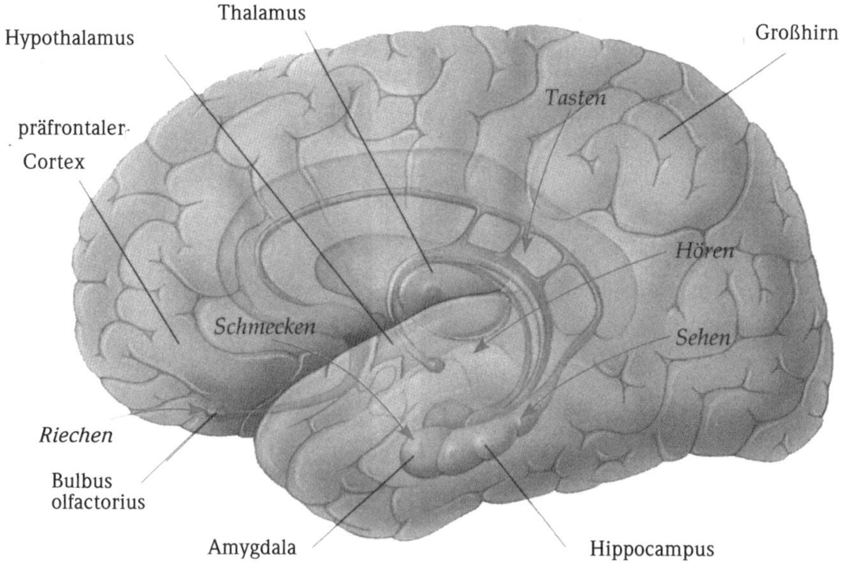

Campbell, Neill A., Biologie. Spektrum Akademischer Verlag. Heidelberg 1997

- funktionelles Zentrum für Emotion und Gedächtnis
- umfasst Thalamus, Hypothalamus, Amygdala, Hippocampus
- Sinnesinformationen werden über die Areale des Cortex in das limbische System projiziert.
- Hier entsteht eine Verbindung aus Information und Emotion; es wird auch entschieden, ob die Information subjektiv bedeutsam ist.

• Synapsen

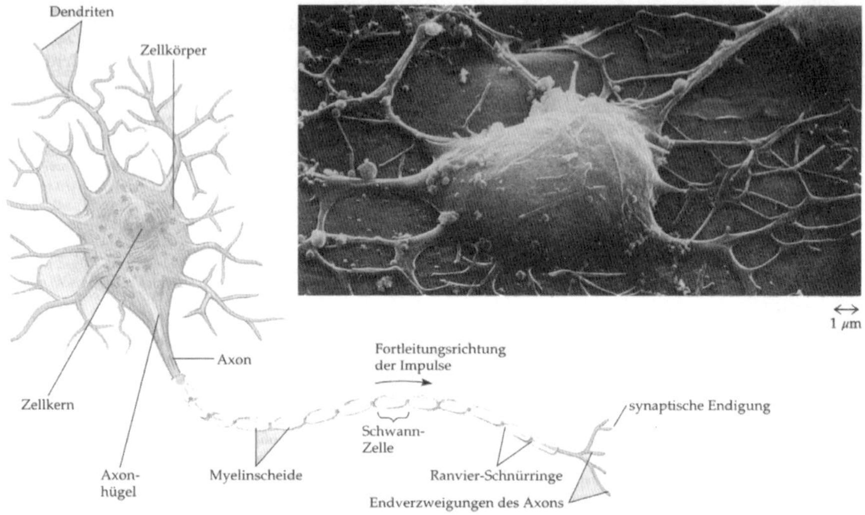

Informationen werden von den Sinnesorganen ins Gehirn und innerhalb des Gehirns durch Nervenzellen weitergeleitet.
Die Verbindungsstelle zwischen zwei Nervenzellen heißt Synapse.

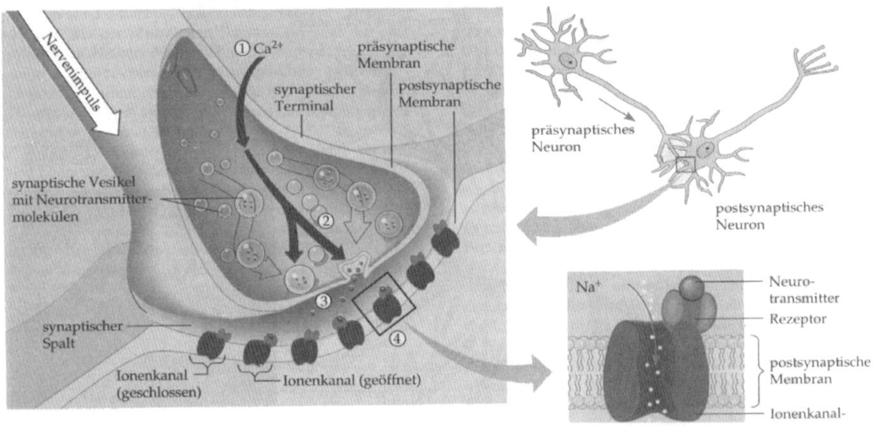

- Synaptische Endigungen einer Nervenzelle stehen in Verbindung mit den Fortsätzen (Dendriten) einer anderen Nervenzelle.
- Informationsübertragung erfolgt durch komplizierte chemische und elektrische Vorgänge.

Campbell, Neill A., Biologie. Spektrum Akademischer Verlag. Heidelberg 1997

Wie funktioniert der Übergang vom UKZG zu den höheren Gedächtnisstufen?

- Grundlage: Plastizität des Nervensystems
- Speicherung durch Ausbildung spezifisch synaptischer Verbindungen unter dem Einfluss von Umweltauseinandersetzung
- Ablauf

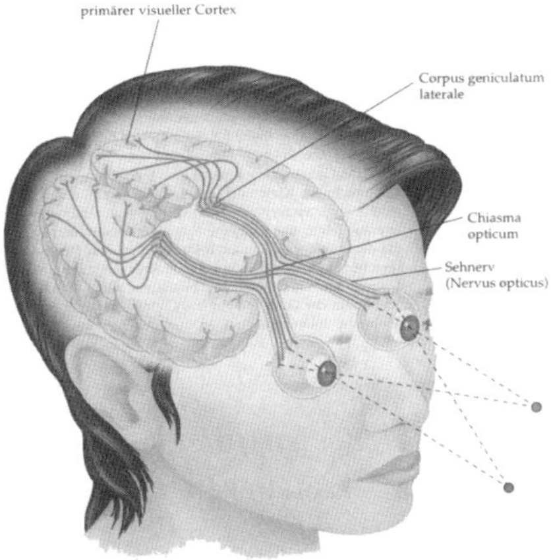

Campbell, Neill A., Biologie. Spektrum Akademischer Verlag. Heidelberg 1997

- Reiz tritt auf Sinneszelle, diese wird erregt.
- Die Sinneszelle gibt Information über elektrischen Erregungsimpuls an Nervenzelle weiter.
- Über Nervenzellen gelangt die Information zum entsprechenden Assoziationsfeld des Cortex (UKZG).
- Information wird in das limbische System projiziert.
- Ein elektrischer Erregungsimpuls beginnt nun zwischen den Synapsen der beteiligten Nervenzellen zu kreisen (KZG).

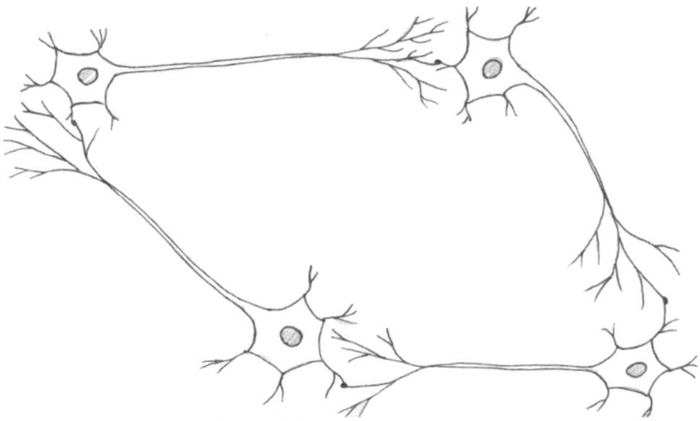

Birk, A., Referat im Studienseminar. München 2004

- Durch wiederholte Nutzung der gleichen Spur festigt sich das so genannte Engramm = Gedächtnisspur (LZG).
- Langzeitpotenzierung (LTP): erhöhte Erregbarkeit von hippocampalen und kortikalen Zellen; Leitfähigkeit zwischen prä- und postsynaptischen Membranen wird erhöht > Konsolidierung des Lernstoffes.

• Bei der Festigung der Engramme (= Konsolidierung des Lernstoffes) gibt es zwei unterschiedliche Mechanismen:

Konsolidierung von Lernstoff

„Wecken" von „stummen" Synapsen

Bereits bestehende synaptische Verbindungen werden aktiviert und gefestigt.

Bildung neuer synaptischer Verbindungen

Hebb-Synapsen

stärken bei wiederholter simultaner Erregung ihre Verbindung.

? Lernen =	strukturelle Änderung an Synapsen oder Ausbreitung und Neuformierung kortikaler Repräsentationen

- „Wecken" von „stummen" Synapsen: Bereits bestehende synaptische Verbindungen werden aktiviert und gefestigt.
- eher selten: Bildung neuer synaptischer Verbindungen

• Wichtig: plastische Hebb-Synapsen; sie stärken bei wiederholter simultaner Erregung ihre Verbindung.

• Lernen führt also unter Mitwirkung des Nervenwachstumsfaktors (NGF) zu strukturellen Änderungen an Synapsen, aber auch zur Ausbreitung und Neuformierung kortikaler Repräsentationen.

Beeinflussungsfaktoren

Bedeutung: Informationen, die für uns wichtige und wertvolle Bedeutung haben, gelangen eher zu längerfristiger Speicherung, als solche, welche das limbische System als wertlos, uninteressant beurteilt.
→ Lernstoffe sollten positive Assoziationen hervorrufen und/oder vom Schüler als wertvoll/wichtig empfunden werden. (Aber: Auch starke negative Gefühle führen zu Speicherung, deren Abrufbarkeit ist jedoch gefährdet, da sie immer negativen Beigeschmack hat.)

- Lernen braucht Zeit: Der Erregungsimpuls muss oft genug zwischen den betroffenen Synapsen kreisen, um das Engramm zu festigen. Wichtig sind deshalb die Wiederholung und Übung.
- Nicht nur Übung, vor allem das Einbinden in bereits gespeicherte Informationen führt zu Lernerfolg – Herstellung von Verbindungen zu bereits gespeicherten Inhalten (Dinge, die in Beziehung zu bereits Bekanntem stehen werden leichter gelernt, es sei denn, sie widersprechen dem Bekannten zu sehr > proaktive Hemmung).
- Anzahl der beteiligten Sinnesorgane/Eingangskanäle: Je mehr unterschiedliche Reize in einer Information, einem Lerninhalt beteiligt sind, desto mehr Nervenzellen werden aktiviert, umso höher ist die Anzahl der am Engramm beteiligten Synapsen.
  → Es bildet sich ein synaptisches Netzwerk, später kann auf die Information von mehreren Stellen aus zugegriffen werden.
  Außerdem: Durch das Anbieten unterschiedlicher Lernwege und Eingangskanäle werden unterschiedliche Lerntypen angesprochen.

2. Voraussetzungen zum Lernen lernen beim Kind

2.1 Situation beim Schuleintritt

Für jeden Schulanfänger hat das Lernen längst begonnen. Er hat vor Schulbeginn bereits zahlreiche Fertigkeiten erworben und Wissen gespeichert. Diese Lernprozesse waren sehr individuell. Folgende Fragen stellen sich:

- Wie anregend war die Lernumgebung des Kindes?
- Wurde das Kind von seinen Eltern ermuntert, Neues zu erfahren?
- Ist sein Lernwille, seine Wissbegier auf Interesse oder Gleichgültigkeit gestoßen?
- Welche Interessen bringt es mit?
- Kann es sich konzentrieren und wie lange?
- In welchem sozialen Umfeld lebt es?
- Ist es durch gesundheitliche Probleme im Lernprozess behindert?
- Welche intellektuellen Fähigkeiten besitzt das Kind?

Obwohl die intellektuellen Voraussetzungen und Lernmöglichkeiten oft gravierende Unterschiede aufweisen, müssen alle Kinder optimal gefördert werden, d. h. dort abgeholt werden, wo sie stehen. Um dieser Forderung möglichst gerecht zu werden, muss guter Unterricht die Lernprozesse der Schüler unterstützen. Das Ziel aller Lernprozesse ist aber immer, das Kind beim eigenständigen, selbstverantworteten Lernen zu unterstützen, damit es **motiviert, interessiert** und **freudig** sich allem Neuen öffnen kann.

2.2 Lerntypen

Im Wesentlichen wurde und wird zwischen drei Lerntypen unterschieden, dem visuellen, dem auditiven und dem haptischen Lerntyp. Eine wichtige Rolle bei der methodisch-didaktischen Aufbereitung von Unterrichtseinheiten spielt daher die Berücksichtigung wenigstens dieser drei Lerntypen, um eine optimale Stoffsicherung zu erreichen. Mittlerweile wissen wir, dass es erheblich mehr Lerntypen gibt und ein Umdenken in diesem Bereich notwendig ist. Zunächst kommt der berechtigte Einwand, nicht alle Themen ließen sich für jeden Lerntyp aufbereiten. Wie könne man dem olfaktorischen Lerntyp im Bereich der Mathematik entsprechen! Das ist natürlich richtig. Zum einen treten die Lerntypen in der Regel in Mischformen auf, zum anderen soll **möglichst** vielen Lerntypen bei der Vorbereitung einer Unterrichtseinheit entsprochen werden. Auch wenn diese Forderung den einen oder anderen zunächst erschreckt, es lohnt sich bei der Unterrichtsplanung umzudenken. Die Erfolge sprechen für sich.

• Unterschiedliche Lerntypen

Nach Pohl[1] heißt Denken vor allen Dingen: *„Verknüpfung von Information zu höherwertigen intelligenteren Informationen. Gut strukturierter Lernstoff wird leichter behalten als unstrukturierter. Die dazu benötigten Techniken der Blockbildung müssen u. a. in der Schule vorgestellt und bewusst geübt werden.“*

In diesem Zusammenhang stellt sich die Frage nach den unterschiedlichen Lerntypen bzw. nach den unterschiedlichen Anstrengungen, die der Lernende unternimmt, um sich Neues zu merken.

Pohl unterscheidet zwischen neun Lerntypen, die nicht jeweils alleine stehen, sondern in Mischformen auftreten.

visuell	auditiv	audio-visuell	haptisch	olfak-torisch	abstrakt verbal	personen-orientiert	medium-orientiert	einsicht-/sinn-an-strebend

Der visuelle Lerntyp

Der Lernende **sieht** etwas und kann es sich merken. Viele dieser Lerntypen verfügen über ein fotografisches Gedächtnis. Werden zum Beispiel englische Vokabeln gelernt, wissen die visuellen Lerntypen meist genau, auf welcher Seite und an welcher Stelle das betreffende Wort geschrieben steht.

Der auditive Lerntyp

Die auditiven Lerntypen sind auf das **Hören** angewiesen. Sie können sich Inhalte durch bloßes Zuhören merken.

Der audio-visuelle Lerntyp

Hören und **Sehen** sind wichtig, eine Mischform aus 1. und 2. Lerntyp. Diese Menschen müssen sowohl eine Zeichnung sehen als auch eine Erläuterung hören.

Der haptische Lerntyp

Das zu Lernende muss über den **Tast**sinn erfahrbar sein. Der haptische Lern-

[1]) Pohl, Wolfgang http://www.ni.schule.de/~pohl/lernen/kurs/lern-02.htm

typ be**greift,** er braucht seine Hände. Dies erfordert eine sorgfältige Vorbereitung, um ein Lernen in einzelnen, be**greif**baren Schritten zu ermöglichen.

Der olfaktorische Lerntyp

Bei diesem Lerntyp spielt der **Geruchssinn** eine große Rolle.

Der abstrakt verbale Lerntyp

Diese Lerntypen lernen durch den **Begriff** bzw. durch die **Begriffserhebung.** Der abstrakt-verbale Lerntyp kann sich z. B. eine Formel durch Sprechen und Begriffsreflexion merken. Er hat eine gute Merkfähigkeit für Abstraktes.

Der kontakt- bzw. personenorientierte Lerntyp

Die Lernbereitschaft dieses Typs hängt ab von der **Person** des Lehrenden, aber auch von den Mitlernenden.

Der mediumorientierte Lerntyp

Ohne Computer o. a. **Medien** ist dieser Lerntyp kaum bereit, sich mit einem Lerninhalt zu beschäftigen.

Der einsicht- bzw. sinnanstrebende Lerntyp

Er geht der Sache auf den Grund, möchte etwas über ihren Ursprung erfahren. Ist dies geklärt, kann er sich das Gelernte merken, weil er **einsieht,** wie es zu einem Sachverhalt kommt. Der **Sinn** ist ihm klar.

Je nach Literatur werden unterschiedliche Begriffe für gleiche Sachverhalte verwendet oder gleiche Begriffe unterschiedlich definiert. Das macht die Auseinandersetzung mit dieser Thematik so schwierig.

Da keiner der oben genannten Lerntypen isoliert vorkommt, sondern im Verbund, empfiehlt es sich, bei der Unterrichtsplanung möglichst viele Lerntypen zu berücksichtigen. Zum einen um eine optimale, d. h. effiziente Wissensvermittlung zu garantieren, zum anderen, um Lerntechniken, die vielleicht nicht dem jeweiligen Lerntyp entsprechen zu trainieren.
In der schulischen Arbeit werden in erster Linie die folgenden Lerntypen berücksichtigt: **HÖREN, SEHEN, HANDELN.**

- **Lerntypentest**

Ziel aller Tests soll sein, den Lerntyp des Kindes zu ermitteln, um
- ihm seinem Lerntyp entsprechend aufbereitetes Material anzubieten.
- ihm seine Lernstrategie **bewusst** zu machen und ein selbstständiges, eigenverantwortliches, seinen Voraussetzungen entsprechendes Lernen zu ermöglichen.
- ihm neue Lernstrategien adäquat vermitteln zu können.

Bestimmen von Lerntypen (siehe auch S. 58)

Welcher Lerntyp bin ich? (nach Andrea Peschel[1])

1. Betrachte die Dinge auf der Folie und präge sie dir gut ein. Du bekommst eine Minute Zeit. Schreibe anschließend die Dinge auf, die du dir gemerkt hast. **SEHEN**

   ____

2. Ich zähle 16 Dinge auf. Schreibe auf, was du dir merken konntest. **HÖREN**

   ____

   ____

3. Schreibe die Begriffe, die ich an die Tafel geschrieben habe, auf ein Blockblatt. Wenn du fertig bist, gibst du mir das Blockblatt. Danach schreibst du dir die Wörter auf die unteren Zeilen, die du dir gemerkt hast. **HANDELN**

   ____

   ____

Nr. 1 Ich habe mir _______ Gegenstände gemerkt.
Nr. 2 Ich habe mir _______ Begriffe gemerkt.
Nr. 3 Ich habe mir _______ Begriffe gemerkt.

Welche Übung ist dir deiner Meinung nach am leichtesten gefallen?

____

____

[1]) Andrea Peschel, Ich bin froh, dass es mich gibt. Band 2. Care-Line Verlag. Neuried 1996 (Seite 120 ff.)

Zwangsläufig stellt sich die Frage nach dem Sinn von Tests. Zunächst wird dem Schüler verdeutlicht, dass seine Art zu lernen und damit auch sein Lernerfolg etwas mit dem zu tun hat, wie **er selbst** aufnehmen kann. Lernen bekommt einen wesentlich subjektiveren Charakter. Im Idealfall ermöglicht diese Einsicht auch Rückschlüsse auf die Eigenverantwortlichkeit des Lernenden.
Dem Lehrer vermittelt ein Test Einblick in die Art und Weise, wie der Schüler wahrnimmt. Besonders bei eventuell notwendiger Einzelförderung kann dem Schüler seinem Lerntyp adäquates Lernmaterial angeboten werden, um die zwei wichtigsten Gründe zu nennen.

Zusammenfassung

Lerntypen kommen nie nur in der einen oder anderen, sondern in der Regel in Mischformen vor. Den Lerntyp exakt zu bestimmen ist schwierig. Vermutlich sind die visuellen und auditiven Lerntypen in der Mehrzahl. Wichtig ist die **Berücksichtigung aller Lerntypen** bei der Unterrichtsplanung.

Lerntyp Sehen

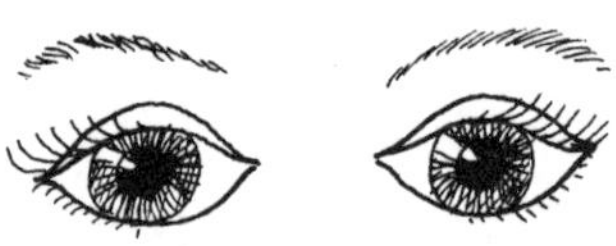

Der Lernende **sieht** etwas und kann es sich merken. Viele dieser Lerntypen verfügen über ein fotografisches Gedächtnis. Werden zum Beispiel englische Vokabeln gelernt, wissen die visuellen Lerntypen meist genau, auf welcher Seite und an welcher Stelle das betreffende Wort geschrieben steht.
Der visuelle Lerntyp merkt sich alles gut, wovon er sich ein Bild machen kann. Menschen, die Informationen gerne über das Auge aufnehmen, sprechen oft schnell, aber nicht exakt. Die inneren Bilder in ihrem Gehirn bauen sich schneller auf als sie sprechen können, deshalb ringen sie öfters nach Worten, obwohl sie genau wissen, was sie sagen wollen. Sie benutzen öfter Ausdrücke wie „Ich kann mir gut vorstellen" o. Ä.

Stärken:

- Kann gut lesen und erreicht dabei eine hohe Geschwindigkeit.
- Schöne Schrift ist für visuell orientierte Menschen wichtig. Sie können diese auch leicht erlernen.
- Oft ist eine lebendige, bildhafte Fantasie mit Blick für Details vorhanden.

Schwächen:

- Kann Sachverhalte, die nur mündlich vorliegen, schwer erfassen.
- Erinnert sich oft nicht an Dinge, die im Unterricht zwar besprochen wurden, aber nicht schriftlich vorliegen.

Empfehlungen:

- Lernstoff in kurze übersichtliche Notizform bringen, durch Diagramme anreichern, Farbe verwenden.
- Zum Gliedern und Strukturieren von Themen Gedankenlandkarten (Mindmaps) verwenden.
- Denk- und Sachaufgaben mit Strichmännchen und Zeichnungen darstellen.
- Filme, Videos, Dias, Folien, Modelle, Plakate, Zeichnungen, Skizzen im Unterricht einsetzen.

Lerntyp Hören

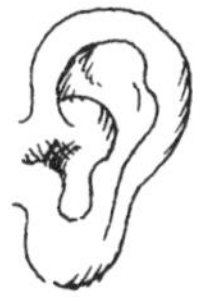

Die **auditiven** Lerntypen sind auf das **Hören** angewiesen. Sie können sich Inhalte durch bloßes Zuhören merken. Menschen, die Informationen gerne über das Ohr aufnehmen, sprechen mit mittlerer Geschwindigkeit. Sie sind oft gute Erzähler, haben eine ausdrucksvolle Stimme und können Andere imitieren. Die benutzen Ausdrücke wie „Ich höre“ und eröffnen Sätze mit den Worten „Hör mal“. Auditive Typen hören gerne Musik. Beim Lesen bewegen sie manchmal die Lippen oder sprechen vor sich hin.

Stärken:

- Gute Diskussions- und Gesprächsteilnehmer.
- Schnelle Auffassungsgabe und gute Merkfähigkeit für mündliche Informationen.
- Merkt sich Dinge oft schrittweise und in der richtigen Reihenfolge.
- Kann gut wiederholen.
- Erinnert sich gut an Besprochenes.

Schwächen:

- Reagieren neugierig auf alle Klänge und Geräusche und sind dadurch leicht ablenkbar.
- Schriftliche Anweisungen und Aufgaben werden oft nicht auf Anhieb verstanden, sondern bedürfen der mündlichen Erläuterung.
- Bei mündlichen Aufgaben meist besser als bei schriftlichen.
- Der Sauberkeit von schriftlichen Darstellungen wird oft keine besondere Bedeutung beigemessen (Schrift, Ränder einhalten, Linien ziehen, farbige Gestaltungen).

Empfehlungen:

- Sich voll auf das Gesagte konzentrieren, einen Sitzplatz im Klassenzimmer wählen, der dies zulässt.
- Zu lernende Informationen, z. B. Vokabeln, laut vorsagen oder auf Tonband sprechen und mehrfach abhören.
- Mit Freunden, Eltern usw. über den Lernstoff sprechen.
- Komplizierte Aufgaben oder Texte laut vorlesen.
- Zum Lernen einen **guten** Walkman benutzen.
- Ruhige Musik oder sanft aufmunternde Musik bewusst zur Lernunterstützung einsetzen.

Lerntyp Handeln

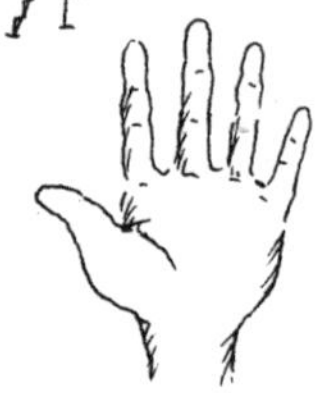

Das zu Lernende muss über den **Tast**sinn erfahrbar sein. Der haptische Lerntyp be**greift,** er braucht seine Hände, seinen Körper. Dies erfordert eine sorgfältige Vorbereitung, um ein Lernen in einzelnen, be**greif**baren Schritten zu ermöglichen.
Menschen, die ihre Lernerfahrungen gerne handlungsorientiert machen, sind oft körperorientiert. Sie genießen körperliche Kontakte, stellen sich nahe zu Menschen, mit denen sie sich unterhalten, kommunizieren oft unter Einsatz von Bewegungen und Gesten. Der handlungsorientierte Lerntyp spricht lang-

sam und mit Überlegung und benutzt öfter Ausdrücke wie „Nach meinem Gefühl...“. Beim Lesen verwendet er manchmal Hilfen wie etwa ein Lesezeichen oder den Finger, mit dem er die Zeilen entlang fährt. Er mag Bücher mit viel Handlung und geht beim Lesen gerne umher. Alles was handwerklich hergestellt werden kann, was er mit der Hand und vor allem mit dem Körper machen kann, unterstützt sein Lernen.

Stärken:

- Ist tatkräftig, zieht Handlungen Worten vor.
- Hoher Lerneffekt durch praktisches Tun.
- Kann gut Gesamteindrücke erfassen.

Schwächen:

- Neigung zu Aktionismus und die Tendenz, sich unnötig lange mit Problemen zu befassen.
- Verliert in neuen Situationen manchmal den Überblick.
- Agiert oft Vorstellungen aus, möchte sie durchlaufen.
- Trifft Entscheidungen oft intuitiv.
- Zeigt bei der Bearbeitung von Details manchmal Schwächen.

Empfehlungen:

- Sich Lerngegenstände und Lerninhalte genau zeigen lassen, aufstehen, hingehen, in die Hand nehmen ...
- Unterrichtsstoffe schmücken, bekleben oder zeichnen.
- Zu lernende Informationen beim Wandern und Gehen durchdenken, aufsagen.
- Lernstoff auf Karteikarten schreiben, die man mitnehmen und umsortieren kann.
- Sich Aufgaben in Form von Spielszenen vorstellen.
- Problemlösungen in Gedanken „durchspielen“.
- Für genügend körperliche Aktivitäten sorgen (Sport, Tanz, Spiel ...).
- Kinesiologische Übungen benutzen.
- Lernspiele wie Puzzles, Memory, Domino, Würfelspiele, Scrabble, Quartett o. Ä. einsetzen.

3. Voraussetzungen zum Lernen lehren beim Lehrer

Lernen lernen bedeutet für das Leben zu lernen. Lernen ist mit Anstrengung verbunden. Es macht nicht immer nur Freude und Spaß. Auch der Lehrer muss lernen, von den Schülern wieder mehr zu verlangen. Er muss die Einsicht schaffen, dass sich Lernen lohnt, weil man damit Erfolg hat und das Gelernte meistens im Leben auch braucht. Der Lehrer kann dem Schüler die Anstrengung nicht abnehmen, aber er kann seine Bereitschaft, etwas zu lernen oder zu leisten forcieren. Dazu bedarf es verschiedener Voraussetzungen:

3.1 Führungsstil

Der Mensch ist fähig, Verhalten anderer nachzuahmen. Lehrer stehen im Mittelpunkt des Unterrichtsgeschehens, werden von den Schülern genau beobachtet und auch in ihrer jeweiligen Verhaltensweise häufig nachgeahmt. Schüler identifizieren sich mit ihren Lehrern. Lehrer haben Vorbildfunktion, auch wenn sie dieser nicht immer gerecht werden. Denn auch ein Lehrer ist nicht ohne Fehl und Tadel. Ein verantwortungsbewusster Lehrer, der einen demokratischen Führungsstil zur Grundlage seiner Erziehungs- und Unterrichtsarbeit macht, wird seine Art des Lehrens und Lernens überdenken: Er

- gibt seinen Schülern einen Überblick über die Gesamttätigkeit und das Ziel und beteiligt die Schüler an der Planung.
- plant Lernstrecken überschaubar und macht Leistungsfortschritte deutlich sichtbar.
- lässt das Arbeitsgeschehen Gegenstand von Gruppendiskussionen und -entscheidungen sein.
- überlässt Gruppen die Verantwortung über einzelne Arbeitsschritte und Pflichten.
- regt zur Eigeninitiative und -aktivität an, setzt Impulse, die Kreativität und Ideenreichtum erlauben.
- bietet Möglichkeiten zur Selbstkontrolle.
- drängt sich nicht auf, nimmt sich eher zurück, versteht sich selbst als Gruppenmitglied, wirkt koordinierend, ohne die angestrebten Lernziele aus dem Auge zu verlieren.
- zeigt Bereitschaft für persönliche Gespräche.

3.2 Auswahl und Aufbereitung der Lerninhalte

Die Auswahl der Lerninhalte ist größtenteils bereits durch den amtlichen Lehrplan vorgegeben. Aber auch hier bieten sich pädagogische Nischen, die der Lehrer nutzen kann, um besonders bedeutsame bzw. für Schüler interessante Inhalte zu vertiefen. Nicht alle Themen sind für Schüler gleich motivierend. Deshalb ist es notwendig, den Unterrichtsstoff so aufzubereiten, dass auch der weniger interessierte Schüler sich angesprochen fühlt und einen Lernzuwachs erfährt. Motivierung, Handlungsorientierung und Differenzierung sind wesentliche Prinzipien, die der Lehrer beachten muss.

- Der Lerngegenstand muss zur Sache des Kindes werden.
- Die Kinder bringen ihr Vorwissen und ihre Erfahrungen ein, an die der Lehrer anknüpft.
- Lerninhalte, die Probleme aufwerfen, sollen sie zu Fragen veranlassen.
- Der Lernstoff muss die individuellen Fähigkeiten und das Leistungsvermögen des Kindes berücksichtigen.
- Ausprobierendes, entdeckendes Lernen muss ermöglicht werden.
- Rhythmisierende und psychohygienische Maßnahmen müssen beachtet werden.
- Die Bedeutung der Inhalte für die eigene Person bzw. ihr Leben muss den Kindern sichtbar werden.
  Die verschiedenen Lerntypen müssen berücksichtigt werden.

3.3 Emotionale Zuwendung

Der ideale Lehrer ist gekennzeichnet durch seine „pädagogische Liebe“, die auch eine „fordernde Liebe“ ist, da Erziehung auch immer fordernd auftritt (nach Spranger). „Pädagogische Liebe“ meint, das Kind in seiner Person zu sehen und anzunehmen, auf seine emotionalen Bedürfnisse einzugehen und es ernst zu nehmen. Das **Wie** im Umgang mit den Kindern ist entscheidend. Mit Lob, Anerkennung und Ermunterung sowie auch konstruktiver Kritik erreicht man mehr als mit Tadel und Bestrafung. Lob und Anerkennung heben das Selbstwertgefühl und motivieren, Leistungen zu vollbringen. Konstruktive Kritik beinhaltet, das bisher Erreichte anerkennend zu würdigen. Sie soll anspornen und nicht demotivieren („Ich weiß, du kannst es besser“). Ein freundlicher, höflicher Umgangston, der Achtung, Zuwendung und emotionale Wärme zum Ausdruck bringt, ist grundlegende Voraussetzung für eine bereichernde Kommunikation. Gerade in der Grundschule lernen Kinder noch dem Lehrer zuliebe und nicht so sehr aus eigenem Antrieb. Die Beziehungsebene schafft die Voraussetzung für die Inhaltsebene und damit für ein erfolgreiches Lernen. Im Hinblick auf Schulfreude und Leistungsbereitschaft des Schülers kommt der Lehrerpersönlichkeit große Bedeutung zu.

3.4 Ordnungen, Regeln, Rituale

Kinder brauchen und wollen Regeln. Sie geben ihnen Sicherheit im Verhalten und dienen der Orientierung. Der Lehrer muss versuchen, Einsicht in den Sinn solcher Regelungen zu wecken. Eindeutigkeit, Klarheit und Transparenz sind wichtig. Erst wenn Verhaltensregeln beachtet werden, ist Unterricht und damit Lernen möglich:

- Ordnungs- und Verhaltensregeln
- Klassenämter
- Gesprächsregeln
- Umgang mit Lern- und Arbeitsmaterialien
- Gestaltung von Einträgen
- Gestaltung der Vorviertelstunde, des Tagesbeginns und des -abschlusses

Gemeinsam festgelegte Regeln entlasten und erleichtern den Schulalltag. Das Einüben und Einhalten grundlegender Ordnungsstrukturen sind notwendige Bedingungen, um selbstständiges und selbstverantwortetes Lernen und Handeln zu initiieren. Lernen ist nur möglich, wenn man nicht dauernd gestört wird. Hier sind pädagogisches Geschick und Konsequenz des Lehrers gefordert. Regeln sollten mit den Kindern gemeinsam erarbeitet werden und auf die jeweilige Klasse zugeschnitten sein. Die gemeinsam aufgestellten Regeln bilden einen Klassenvertrag, den die Kinder durch ihre Unterschrift anerkennen.

So können wir gut zusammen lernen und arbeiten!

→ Wir reden freundlich und höflich miteinander.
→ Wir melden uns im Unterricht und warten, bis wir an der Reihe sind.
→ Wenn einer spricht, hören wir aufmerksam zu.
→ Bei Stillarbeit sind wir leise und stören niemanden.
→ In der Gruppenarbeit helfen alle, dabei besprechen wir uns im Flüsterton.
→ Mit Arbeitsmaterialien gehen wir sorgsam um.
→ Lernspiele überprüfen wir auf Vollständigkeit und räumen sie ordentlich wieder auf.
→ ...

Unterschrift: Schüler ____________________________ Lehrer _______________

„Das erste Wirkende
ist das Sein des Erziehers;
das zweite, was er tut;
das dritte erst, was er redet.“

(Romano Guardini)

4. Voraussetzungen bei der Gestaltung des Unterrichts

4.1 Äußere Bedingungen

• Klassenzimmer

Ein Raum, in dem die Kinder arbeiten und lernen sollen, bedarf einer behaglichen, wohnlichen Atmosphäre. Die Kinder müssen sich mit ihrem Raum identifizieren können. Dazu ist es wichtig, sie bei der Ausgestaltung zu beteiligen. Je intensiver die Kinder ihre „Spuren" hinterlassen dürfen, um so mehr wird das Klassenzimmer zu ihrem Reich, in dem sie schließlich den halben Tag verbringen. Das Klassenzimmer soll freundlich und lernanregend sein, dabei sowohl Möglichkeit zur Erholung und Entspannung bieten wie auch zur effektiven, konzentrierten Arbeit.
Ein Klassenzimmer als Lebens- und Lernort braucht eine gewisse Ordnung, eine Struktur, die den Kindern Sicherheit gibt. Eine Aufteilung in Lern- bzw. Aktionsecken macht für sie den Raum überschaubar und lässt unterschiedliche Grundformen des Lernens zu. Selbsttätiges und selbstständiges Lernen und Arbeiten in den verschiedenen Sozialformen, aber auch die gemeinsame Arbeit soll durch die entsprechende Raumgestaltung ermöglicht werden. Ausstellungstische für den Sachunterricht, Regale für die Leseecke und Freiarbeitsmaterialien, Lerntheken zu einem bestimmten Fach oder Thema, Litfasssäulen für Informationen, Schaukästen für Ausstellungszwecke usw. gliedern nicht nur den Raum auf sinnvolle Weise, sondern regen auch die Lust zum Lernen und Arbeiten an und drängen lehrergesteuerte Lernsituationen in den Hintergrund. Je differenzierter der Raum konzipiert ist, um so intensiver kann das Kind lernen und agieren sowie Lernfreude und Leistungsbereitschaft entwickeln. Besonders bei Klassenzimmern mit minimalem Platzangebot bietet es sich an, vorhandene Gruppenräume, die Gänge auf dem Flur und den Schulhof zu nutzen.
Gruppenräume sind vor allem für geräuschvollere Aktionen zu belegen, wie
- szenische Darstellungen vorbereiten
- Musikinstrumente ausprobieren
- eine Choreografie oder Klanggeschichte erfinden
- eine Bastelarbeit erstellen.

Schulhausgänge eignen sich für stilles, konzentriertes Arbeiten, wie
- eine Karte anfertigen
- ein Kassettengespräch aufnehmen oder abhören
- Malen auf großen Formaten.

Der Schulhof kann gut für bewegungsintensive Einheiten in Anspruch genommen werden, wie

- auf vorbereiteten Hüpfspielfeldern Buchstaben zu Wörtern hüpfen
- Zahlen oder Rechnungen hüpfen
- Gefühls- und Sinnespfade anlegen und durchlaufen
- praktisches Lernen am Teich, im Schulgarten, auf der Wiese.

• Sitzordnung

Dem Lernen förderlich ist eine Sitzordnung, die den unterschiedlichen Lerntypen gerecht wird. Es gibt Kinder, die vor allem mit Partnerhilfe zu brauchbaren Ergebnissen kommen, Kinder, die sich überwiegend durch Handlung einen Lerninhalt aneignen können, aber auch die Kinder, die besser alleine und in Ruhe lernen. Dies bedingt eine flexible Sitzordnung, wo jedem Genüge geleistet wird. So wird es sinnvoll sein, Sitzformationen zu schaffen, die leicht veränderbar sind: Gruppentischordnung neben Einzeltischen, Hufeisenanordnung, die rasch zu Gruppentischen oder zum Kreis umgestellt werden kann, freie Flächen für Aktionen sowie den gemeinsamen Sitz- und Gesprächskreis.

Gruppentische

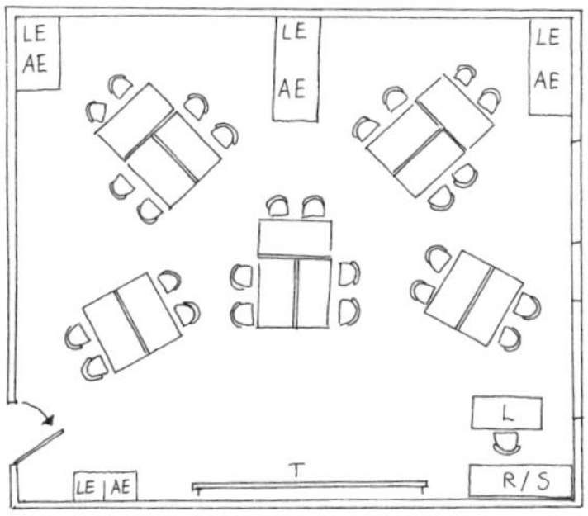

R/S = Regal oder Schrank
T = Tafel
L = Lehrertisch
LE = Lernecken
AE = Aktionsecken

Gemischtes Hufeisen

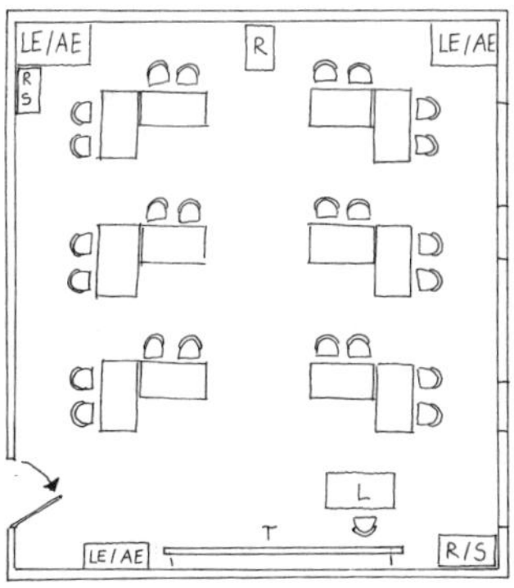

R/S = Regal oder Schrank
T = Tafel
L = Lehrertisch
LE = Lernecken
AE = Aktionsecken

• Mobiliar

Ideal wäre für das Kind ein Klapptisch mit einer Neigungsebene von mindestens 16°: Da die wenigsten Schulen einen derart geeigneten Arbeitsplatz ermöglichen können, sollte zumindest dafür gesorgt werden, dass Stuhl- und Tischhöhe der Körpergröße angepasst sind. Unruhe während des Lernens ist unter Umständen auf die falsche Sitzhaltung zurückzuführen, besonders, wenn die Füße nicht entspannt auf dem Boden stehen oder in der Luft baumeln.

So sitze ich richtig!

1. Wenn beide Füße mit der ganzen Fußsohle den Boden berühren, müssen die Oberschenkel waagrecht stehen.
2. Legst du die Handflächen auf die Arbeitsplatte deines Tisches, sollten auch die Unterarme waagrecht sein.

Tipps!

- Lass dir zum Geburtstag einen Sitzball passend zu deinem Tisch schenken. Er entlastet deinen Rücken. Wechsle nach einiger Zeit vom Sitzball auf deinen Stuhl.
- Wenn dein Stuhl eine niedrige Lehne hat, kannst du diesen auch umdrehen und einige Zeit in dieser Stellung arbeiten.
- Günstig ist es, wenn sich deine Tischplatte auf mindetens 16° neigen lässt. (Weniger bringt nichts!)

- **Arbeitsplatz**

Konzentriertes Lernen und Arbeiten erfordert einen ordentlichen Arbeitsplatz (Siehe auch Kap. 5.1, S. 67).

Mein Arbeitsplatz

Wer lernt leichter? Begründe:

Jan lernt leichter.
Uta hat keinen Platz für ihre Hefte.
Das Brot macht Flecken.
Die Musik lenkt ab.
Papiermüll gehört in den Papierkorb,
der Rest in den Rest- oder Biomüll.
Jan kann sofort beginnen, Uta muss
erst Platz schaffen.

• Materialien

Aufbereitung

Materialien sind ein Werkzeug für die Hand des Kindes, die ein entdeckendes, selbsttätiges und selbstständiges Lernen und Arbeiten bewerkstelligen. Sie verhelfen zu eigenständigen Lösungen und Erkenntnissen. Laminierte Karteikarten und Spiele, die leicht gereinigt werden können, ansprechend und kindgemäß aufbereitet, mehrfach einsetzbar sind, werden lieber zur Hand genommen. Saubere Gegenstände, ästhetisch dargeboten (in Schachteln, Dosen, Schüsseln, auf Tellern usw.), wirken schon durch ihre Aufmachung animierender. Schreibmaschinen, Computer, Druckereien als „Schreibwerkstatt" bedürfen in der Regel keiner besonderen Motivation, da die Geräte für sich sprechen. Trotzdem sollte die dafür vorgesehene Ecke mit Hilfe von Plakaten, Schülerarbeiten, Wandregalen für Disketten und Papier einladend gestaltet werden. Arbeitsmittel, die von den Kindern selbst erstellt werden, erfreuen sich in der Regel besonderer Benutzung und Achtung.

Umgang

Die Kinder müssen Sicherheit im Umgang mit den Materialien bekommen, indem diese schrittweise eingeführt werden. Spiele und Karteien können im Morgenkreis oder in Freiarbeitsphasen allen oder einigen Schülern vorgestellt werden, die anschließend als Multiplikatoren wirken, indem sie ihr Wissen an die anderen Kinder weitergeben. Für den Umgang mit dem Computer bietet sich die gruppenweise Einführung an. Der Umgang mit Lexika und Wörterbüchern wird in den normalen Unterricht themenbezogen einfließen. Die Arbeit mit der Klassenbücherei in der Leseecke bietet sich im Fachbereich Lesen innerhalb einer Sequenz an. Wichtig ist es, die Kinder nicht zu schnell mit den verschiedenen Arbeitsmitteln zu konfrontieren, sondern sukzessiv an die Medien heranzuführen. Um Enttäuschungen vorzubeugen, ist der sachgerechte, schonende Umgang besonders herauszustellen.

Aufbewahrung

Klare Vereinbarungen über die Aufbewahrung der Arbeitsmittel gewährleisten die Vollständigkeit von Spielen, Puzzles, Dominos, Büchern usw. Beschriftete Dosen, Schachteln, Regale, Schränke schaffen Ordnung. Ein zusätzlich organisierter Klassendienst, der von Zeit zu Zeit die Materialien überprüft, erzieht nicht nur zur Ordnung, sondern auch zur Mitverantwortung.

• Plakate als Hilfe zum selbstständigen Arbeiten

Um das selbstständige Lernen zu fördern, brauchen die Kinder Werkzeuge, die ein weitgehend lehrerunabhängiges Arbeiten ermöglichen. Hier sind Plakate im Klassenzimmer zur Vorgehensweise als Stütze unverzichtbar:
„So löse ich eine Sachaufgabe, ...lerne ich mit der Kartei, ...arbeite ich mit dem Grundwortschatz, ...gestalte ich einen übersichtlichen Eintrag ...“.
Die Stützstrategien geben den Kindern Sicherheit bei ihrer Arbeit. Dadurch können sie sich auf das Wesentliche konzentrieren.

• **Hefteintrag**

So gestalte ich einen übersichtlichen Hefteintrag

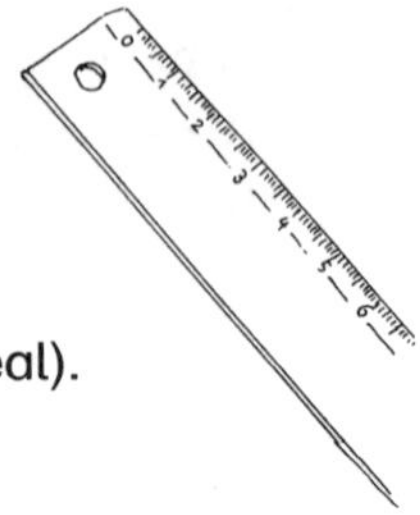

Ziehe einen farbigen Rahmen (Lineal).

Datum

❊

❊

Überschrift

farbig (nicht gelb) und
mit Lineal unterstreichen.

❊

→ Schreibe mit dem Füller.

→ Streiche Fehler mit Lineal und Bleistift durch.

→ Schreibe nur innerhalb des Rahmens.

→ Verwende nur Buntstifte.

4.2 Rhythmisierung

„Kinder und Uhren dürfen
nicht beständig
aufgezogen werden,
man muss sie
auch gehen lassen“

(JEAN PAUL)

Je jünger die Grundschulkinder sind, desto deutlicher werden die Grenzen ihrer psychophysischen Belastbarkeit. Obwohl das Kind Mittelpunkt allen schulischen Geschehens ist, wird oftmals dessen Körper und der Seele zu wenig Beachtung geschenkt. Der Klassenraum ist in erster Linie Beschulungsraum, in dem die Kinder überwiegend sitzen. Herumlaufende, sich bewegende Kinder werden als störende Unruhequelle empfunden, obwohl jeder weiß, dass die Kinder heute mehr Bewegung und Abwechslung brauchen denn je.
Kein Mensch ist auf Dauer gleich belastbar. Die Aufmerksamkeit kann nur für begrenzte Zeit einem Gegenstand zugewendet werden, ebenso ist auch das Gedächtnis nur für kurze Zeit intensiv belastbar. Deshalb ist es notwendig, den Unterricht so zu rhythmisieren, dass auf Phasen der Spannung Phasen der Entspannung folgen. Der Lehrer muss bei seiner Planung des Unterrichtsvormittags den biologischen und arbeitsphysiologischen Rhythmus des Kindes beachten. So wie die Natur einem gewissen Rhythmus unterliegt, so auch der Mensch: Arbeit und Ruhe, Wachen und Schlafen, Tag und Nacht und die Jahreszeiten. Dabei stellen die folgenden Leistungskurven eine Hilfe dar:

Die Leistungskurve innerhalb eines Schuljahres:

Sept. Okt. Nov. Dez. Jan. Feb. März April Mai Juni Juli Aug.

Die Leistungskurve innerhalb einer Woche:

Montag Dienstag Mittwoch Donnerstag Freitag

Die Leistungskurve innerhalb eines Tages:

8 Uhr 9 Uhr 10 Uhr 11 Uhr 12 Uhr 13 Uhr 14 Uhr 15 Uhr 16 Uhr 17 Uhr 18 Uhr

Diese Kurve ist zwar für alle Schüler relevant, stellt jedoch nur tendenzielle Durchschnittswerte dar, da die individuelle Leistungsbereitschaft nicht nur von den physiologischen, sondern auch von den psychologischen Variablen abhängt, wie z. B. Wille, Interesse, Tatendrang, Unternehmungsgeist, Ehrgeiz, Ansehen, Geltungsstreben usw. Besonders im Anfangsunterricht ist zu beachten, dass das Kind sofort nach Unterrichtsbeginn keine hohe Lernleistung erbringen kann, sondern allmählich an die Leistungsspitze herangeführt werden muss. Vor und nach jeder Leistungsphase müssen Maßnahmen zur Entspannnung sowie zur Reaktivierung neuer Kräfte eingeplant werden, um Unkonzentriertheit, Interesselosigkeit, Unlust oder Unruhe rechtzeitig aufzufangen. Durch solche Maßnahmen erreicht das Kind ein psychohygienisches Wohlbefinden, das dem natürlichen Wechsel von Anspannung und Entspannung in unserem Leben entspricht. Körper, Geist und Seele müssen im Einklang sein, um ganzheitlich lernen zu können. „Kinder haben das Recht auf Spiel und altersgemäße aktive Erholung". (Übereinkommen der Vereinten Nationen über die Rechte des Kindes).

„Im Leben lernt der Mensch
zuerst
gehen und sprechen.
Später lernt er dann
still zu sitzen
und den
Mund zu halten."

(Marcel Pagnol)

• Psychohygienische Maßnahmen

Allgemein:

- Wechseln des Raumes: Wenn es beim Raumwechsel sehr laut ist, auf dem Weg eine Stille-, Hör- oder Atemübung durchführen.
- Rituale: Begrüßungs- bzw. Morgenkreis (am Montag Morgen kurz vom Wochenende erzählen lassen, Lied vorsingen lassen, Gedicht, Vorsatz, Gebet, zur Musik mit den Augen begrüßen...), Geburtstagsfeier (Geschenk suchen lassen, Geburtstagskind verlässt den Raum, die anderen Kinder verstecken das Geschenk: „heiß-kalt")
- Wechsel der Arbeits- und Sozialformen
- Aktive, bewegte Mitarbeit fordern: Wortkarten an der Tafel hängen lassen, gegenseitiges Aufrufen, mündliche Auswertungen vor der Klasse

Psychohygienische Maßnahmen können bei sinkender Aufmerksamkeit, bei Ermüdungserscheinungen als Auflockerung in den Unterrichtsablauf integriert, aber auch themenbezogen durchgeführt werden.

Ruhigere Möglichkeiten

- Fantasie-Traumreisen
- Meditation
- Stilleübung
- Yoga
- Pantomime
- Hörübung
- Atemübung
- Isometrische Übung
- Energieaufbauübung
- Spielerische Massage

Lebhaftere Möglichkeiten

- Lieder
- Tänze, Bewegung
- Sprechkanon
- kleine Spiele
- Bewegungsgeschichten
- Fingerspiele

Ein Lehrer, der seinen Unterricht verantwortungsbewusst plant, berücksichtigt in seiner Wochen-, Tages- und Stundenplanung die kindliche Leistungsfähigkeit. Demnach wäre es nicht sinnvoll, am Montagmorgen einen neuen Lernstoff einzuführen, der hohe Konzentration und Denkleistung erfordert oder in der ersten Unterrichtsstunde eine Klassenarbeit schreiben zu lassen. (Siehe auch einen ausgearbeiteten Wochenplan auf S. 36.)

• „Bewegte Schule"

Durch Bewegung fühlt man sich besser, die Gesundheit wird gestärkt, Konzentrations- und Denkfähigkeit werden erhöht. Somit stellt Bewegung die Grundlage für kindgemäßes Lernen dar. Je jünger die Kinder sind, umso mehr muss ihrem Bewegungsdrang Beachtung geschenkt werden. Erfahrene Lehrer erkennen an zunehmender Unruhe in der Klasse (Herumrutschen auf dem Stuhl, Scharren mit den Füßen) und der Körper- und Sitzhaltung der Kinder, dass Aufmerksamkeit und Konzentration nachlassen. Durch Aktionswechsel, durch Bewegung und Entspannung werden Lernfreude und Leistungsbereitschaft wieder neu geweckt.

Grundschulkinder können sich nur über einen verhältnismäßig kurzen Zeitraum auf eine Sache konzentrieren, maximal 15 bis 20 Minuten. In der Unterrichtsplanung und -gestaltung ist dies zu berücksichtigen, um effektives Lernen und Arbeiten zu ermöglichen. Übungen zum Dehnen, Strecken, Räkeln, Gähnen, kleine Bewegungspiele mit und ohne Geräte, allein oder mit Partner nehmen nicht viel Zeit in Anspruch, bringen verbrauchte Energien rasch zurück und wirken enorm schöpferisch. Dabei ist das Lüften des Raumes unerlässlich. Viele Übungen wirken durch ansprechende Musikuntermalung anregend. (Siehe hierzu Fingerspiele, S. 37 und Bewegungsübungen S. 38.)

Wochenplan mit psychohygienischen Maßnahmen für die 2. Klasse

Montag	Dienstag	Mittwoch	Donnerstag	Freitag
SGF: **Gesprächskreis** Viele Kinder haben ein Haustier! Erlebnisse und Erfahrungen **Psychohygiene:** Tierlaute und -bewegungen nachahmen **SU: Tiere und Pflanzen** **Marios Katze** Beobachten der Katze Beschreiben des Aussehens Benennen der Körperteile **MUE: Spiellied** Katzentatzentanz Text, Melodie, Tanz **SU: Wie ist Marios Katze? Wiewörter** Beschreiben der Katze Wiewörter isolieren Kleinschreibung Neue Sätze bilden **PAUSE** **RS: Einführung von Lernwörtern** **Morle** Sprechen zum Bild Text lesen Lernwörter isolieren Arbeit mit Lernwörtern	**SGF/TV:** Tierrätsel Beschreibungen Pantomimische Darstellung Aufschreiben eines Rätsels **Psychohygiene:** **Tanzlied** Katzentatzentanz **M: Übungen mit ZÜ** Plus- u. Minusaufgaben Umkehraufgaben Platzhalteraufgaben **Psychohygiene:** **Atemübung:** Fauchen wie eine Katze **SU/Tiere und Pflanzen** **Die Katze – ein Haustier oder Raubtier?** Poster: Katze als Haus- oder Raubtier (Gespräch) Körperliche Ausstattung und Funktion Verhalten der Katze beim Jagen **PAUSE** **LLU: Katziges** Aufw: Lesen einzelner schwieriger Wörter Lesen des Textes Inhaltliche Klärung Sprachliche Auffälligkeit Übungslesen	**RS: Übungen mit den Lernwörtern: Morle** Blitzlesen der Lernwörter Partnerdiktat **Psychohygiene:** **Spiel** Katze: Samtpfötchen **M: 5. Klassenarbeit** Plus- u. Minusaufgaben Umkehraufgaben Platzhalteraufgaben Sachaufgabe **Psychohygiene:** Kleine Essenspause **SGF: Susi wünscht sich eine Katze** Angemessene Redemittel Stimmführung Geeigneter Zeitpunkt **PAUSE** **SU/Tiere und Pflanzen** **Was braucht Susis Katze?** Nahrung Pflege Liebe **Psychohygiene:** **Lied** Ein kleines Kätzchen **FöU:** Übungen mit den Lernwörtern: Morle	**M:** Nachbesprechung und Verbesserung der Klassenarbeit Rechenspiel **SPE: „Katziges“** Aufw.: Mattenlauf HÜ: Balancieren auf Langbänken und Schwebebalken Ausklang: Spiel: Katz und Maus **SU: Susis Katze braucht viele Dinge Wiewörter** Dinge benennen WW zuordnen Kleinschreibung Neue Sätze bilden **PAUSE** **KUE: Schwarze Katze auf buntem Kissen** Malen mit Wasserfarben (Hintergrund) Katze aus schwarzem Tonpapier	**RS: Lernwörter Morle** Diktat der Lernwörter Lernwörter in Lernwörtermappe eintragen **Psychohygiene:** **Fingerspiel** 5 Kätzchen **SU/Individuum und Gemeinschaft:** Mario hat auch Probleme mit seiner Katze Krankheit, Kosten, Urlaub, Nachwuchs... Übertragung auf andere Haustiere Haustierhalter haben Pflichten **Psychohygiene:** **Lied** Ein kleines Kätzchen **M: Wir vervielfachen** TTÜ: Kämmerchen zu vermieten HÜ: Darstellung mit konkretem Material und Rechenplättchen Graphische Darstellung Notation als Plus- und Malaufgabe **PAUSE** **Schriftpflege: Buchstabenformen: K, I, H** Üben an verschiedenen Stationen **SGF: Gesprächskreis** Was habe ich gelernt, was ich vorher nicht wusste? Was war leicht für mich? Wo hatte ich Probleme?

Bedeutung verwendeter Abkürzungen:
SGF = Sprechen und Gespräche führen
LLU = Lesen und mit Literatur umgehen
TV = Texte verfassen
RS = Richtig schreiben
SU = Sprache untersuchen
M = Mathematik
SU = Sachunterricht
MUE = Musikerziehung
KUE = Kunsterziehung
SPE = Sporterziehung

Fingerspiele

Klavier spielen

Wenn ich am Klaviere sitz, wird zuerst die Hand gestützt.
Däumchen fängt zu spielen an, Zeigefinger folgt sodann.
Mittelfinger darf nicht ruhn, Ringfinger will auch was tun.
Und das kleine Fingerlein setzt als allerletztes ein.
La la la la la la la (laut).
La la la la la la la (leise).

Alle meine Fingerlein

Alle meine Fingerlein wollen heut mal Tierlein sein.
(Alle Finger bewegen sich)

Und der Daumen ganz allein ist das dicke fette Schwein.
(Daumen zeigen – Kreis mit den Armen in die Luft spuren)

Zeigefinger ist das braune Pferd von dem Reiter hoch verehrt.
(Zeigefinger zeigen – Verneigung mit Armbewegung)

Mittelfinger ist die bunte Kuh, die schreit immer muh muh muh.
(Mittelfinger zeigen – „muh“ betonen)

Ringfinger ist der Ziegenbock mit dem langen Zottelrock.
(Ringfinger zeigen – mit der Hand vom Kinn nach unten ziehen)

Und das kleine Fingerlein, das soll unser Schäfchen sein.
(Kleinen Finger zeigen – Streichelbewegung ausführen)

II: Tierlein, Tierlein hopp hopp hopp, laufen alle im Galopp,
(klatschen)
laufen in den Stall hinein, denn es wird gleich finster sein.:II
(Finger laufen am Arm hoch – Hände vor die Augen)

Bewegungsübungen ohne Geräte

→ Zur Musik im Raum gehen, tanzen
→ Fortbewegungsart wechseln (in der Hocke/auf Zehenspitzen gehen, hüpfen, schleichen ...)
→ Versteinern: Kinder bewegen sich zur Musik. Wenn diese stoppt, sind die Schüler versteinert und dürfen sich erst wieder bewegen, wenn die Musik beginnt.
→ Arme, Schultern, Füße kreisen
→ Vereinbarte Bewegungen zu Wörtern ausführen, z. B. **„Mensch-Riese-Zwerg“**
  Mensch = stehen
  Riese = auf Zehenspitzen in die Höhe strecken
  Zwerg = in die Hocke gehen
  Die Kinder stehen im Raum. Der Spielleiter sagt ein Wort an, z. B. Riese, und führt dabei eine der drei Bewegungen aus, die aber nicht mit dem jeweiligen Wort übereinstimmen muss. Die anderen Schüler müssen aber die richtige Bewegung durchführen. Wer es falsch macht, scheidet aus.
→ Lieder mit Bewegungen gestalten (z. B. „Hampelmann“, „Ich bin ein toller Typ“)

Bewegungsübungen mit Geräten (siehe S. 40 ff.)

Übungen mit dem Lineal

- das Lineal mit beiden Händen festhalten und Möglichkeiten finden, wie man darübersteigen kann;
- das Lineal mit beiden Händen fassen und sich strecken;
- das Lineal von einer Hand in die andere übergeben (z. B. über den Kopf, unter dem Fuß, hinter dem Rücken, zwischen den Beinen);
- den Radiergummi auf dem Lineal balancieren.

AK Grundschule im MLLV, Kraft schöpfen – Energie freisetzen. München o. J.

Ich bin ein toller Typ

(nach der Melodie: „Singing in the rain“)

Ich bin ein toller Typ (4 x)	Kinder fassen sich an den Schultern und gehen im Kreis, während sie singen.
Thumbs up	Alle drehen sich zur Kreismitte. Spielleiter ruft im Befehlston „Thumbs up“ und hebt dabei beide Daumen in die Höhe. Alle Kinder sprechen und machen es nach.
Tsatsi tsatsa tsatsi tsatsa tsatsi tsatsa tsa	Alle sprechen gemeinsam und bewegen dabei die Hüfte im Rhythmus.
Ich bin ein toller Typ (4 x)	Alle Kinder gehen wieder schulterfassend in Kreisrichtung und singen.
Thumbs up Elbows back	Spielleiter spricht vor – Schüler sprechen nach mit passender Bewegung Bewegung
Tsatsi tsatsa tsatsi tsatsa tsatsi tsatsa tsa	Gemeinsames Sprechen mit Hüftbewegung. Anschließend gehen alle wieder im Kreis und singen „Ich bin ein toller Typ“
Chest in front Knees together Feet bent Tongue out Teeth together	Die nächsten Befehle werden nacheinander gegeben, wobei die vorherigen immer wiederholt werden. Dazwischen folgt die Hüftbewegung auf „tsatsi tsatsa ...“

Quelle unbekannt

Bewegungsübungen mit Geräten (allein und mit Partner)

Sich am Tisch gegenüberstehen und versuchen, ein Blatt über die Tischkante des anderen zu pusten.

Das Buch auf verschiedenen Körperteilen balancieren und dabei durch das Zimmer gehen. Bei wem fällt das Buch eher runter?

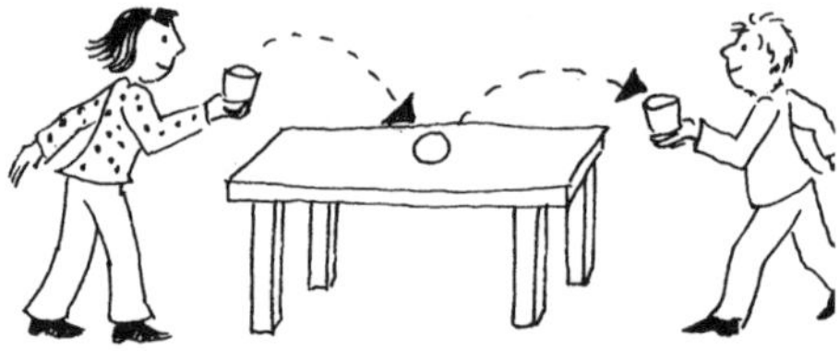

Mit einemTischtennisball und zwei Joghurtbechern auf dem Tisch Tischtennis spielen.

Übungen mit dem Radiergummi

- im Stand den Radiergummi hochwerfen und auf verschiedene Arten fangen (z. B. einhändig, beidhändig, mit Partner);

- den Radiergummi mit einem Blatt Papier hochschleudern und wieder fangen (auch mit Partner);

- den Radiergummi auf verschiedenen Körperteilen balancieren und sich dabei bewegen.

AK Grundschule im MLLV, Kraft schöpfen – Energie freisetzen. München o. J.

Bewegungspause

Rückenspaß
(nach einem Beitrag von Regina Weimann)

Das laufende Band
Die Schüler laufen auf der Stelle und stützen sich dabei an der Stuhllehne, dann am Tisch ab und finden selbst einen Wechsel von Stuhllaufen zu Tischlaufen.

Muskelspanner
Die Schüler laufen auf der Stelle nach Musik. Auf ein Stoppsignal sollen sie Muskeln anspannen (Bauch-, Gesäß-, Rücken- und Armmuskulatur).

Der Wackelpo
Die Schüler sitzen aufrecht auf ihrem Stuhl, Füße stützen am Boden ab. Schneller Sitzwechsel von der rechten Sitzfläche zur linken, ohne den Stand der Füße zu verändern.

Der Floh
Die Schüler stützen sich am Tisch mit den Händen ab. Stützhüpfen mit geschlossenen Füßen nach rechts – zur Mitte – nach links usw. Dabei rhythmische Folge finden.

Der Bohrer
Ausgangslage wie vorher, beidfüßiges Springen und Hüftdrehung nach rechts und links und Wendung der Fußspitzen nach rechts und links.

AK Grundschule im MLLV, Kraft schöpfen – Energie freisetzen. München o. J.

Bewegungspause

Die heiße Platte
Schnelles Aufstehen und Wiederhinsetzen im Wechsel, bei aufrechter Körperhaltung.

Die Beschwörung
Die Schüler knien seitlich vor der Stuhlfläche und legen ihren Oberkörper auf die Sitzfläche, Arme hängen locker herab. Heben der Arme in die Vorhalte bis hinter die Ohren und Senken zurück in die Ausgangslage.

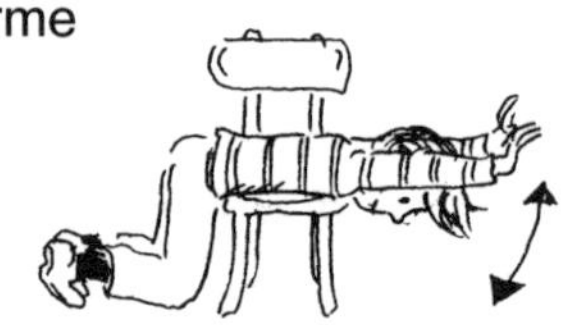

AK Grundschule im MLLV, Kraft schöpfen – Energie freisetzen. München o. J.

4.3 Lernstrategien

In der Fachliteratur wird der Begriff *Lernstrategie* vielfältig definiert. Als Beispiele seien genannt:

- Verhaltensweisen, die zur Bewältigung von Lernaufgaben dienen können.
- Techniken, mit Hilfe derer man gestellte Aufgaben schneller und effektiver bewältigen kann.
- Lerntipps und Lerntricks z. B. für
  ... die Gestaltung von Hefteinträgen und des Arbeitsplatzes;
  ... das Schreiben von Aufsätzen und Klassenarbeiten;
  ... das Anfertigen der Hausaufgaben;
  ... das Lernen von Gedichten und Vokabeln.

Die Zeitschrift FOCUS führte im Herbst 2004 bei den sieben besten Strategien für den Schulerfolg unter anderem an:

1. Elternliebe
2. Lust auf Neues
3. Spaß an der Sprache

Am häufigsten werden folgende Strategien genannt:

- Erschließungsstrategien
  - Selbstständiges Erschließen des Textes
- Informationsgewinnungsstrategien
  - Informationen aus Büchern und Medien gewinnen
- Markierungsstrategien
  - das Wesentliche hervorheben
- Memorierungsstrategien
  - Behalten und Auswendiglernen
- Meta-Lernstrategien
  - Planung, Selbstkontrolle und Bewertung
- Reduktionsstrategien
  - Zusammenfassung und Stichworte
- Sozial-affektive Strategien
  - Einsatz von Sozialformen, psychohygienische Maßnahmen

Viele Autoren unterscheiden zwischen Primärstrategien und Stützstrategien.

Primärstrategien	**Stützstrategien**
Organisation	Motivation
Erwerb	Konzentration
Sicherung	Entspannung

Ziel von Lernstrategien[1] ist:

1. Selbstständiges Lernen

Dies findet im Wesentlichen in vier Schritten statt.

a. Aufgabenanalyse

Der Lernende definiert das zu erreichende Ziel.
Entweder bestimmt und definiert er das Ziel selbst oder es wird im Unterricht ein Ziel vorgegeben. Dies setzt voraus, dass Zielvorgaben exakt, klar und altersentsprechend formuliert werden.

b. Planung

Der Lernende erstellt einen Handlungsplan.

- Entweder kann eine bereits vorhandene Strategie angewandt
- oder eine neue Strategie gefunden werden, die zum Ziel führt.

c. Ausführung

Der Lernende führt seinen Handlungsplan aus, wobei er immer kontrollieren muss, ob seine Aktivitäten den gewünschten Effekt haben.

[1]) Peter Bimmel. Lernstrategien im Deutschunterricht – Funktionen und Vermittlungsfragen. In: Fremdsprache Deutsch, Sondernummer 1995 S. 16 ff.

d. Evaluation

Der Lernende blickt auf die einzelnen Schritte seines Handelns zurück und beurteilt, ob die Handlungen das erwünschte Ergebnis erbracht haben bzw. an welcher Stelle Korrekturen hätten vorgenommen werden müssen. Das Lernen wird im Idealfall erheblich effektiver.

2. Steigerung der Motivation und des Selbstvertrauens

Nach Peter Bimmel[1] ist eines der Hauptziele lernstrategischer Übungsprogramme die Verbesserung der Einstellung von Lernenden zu ihren eigenen Lernfähigkeiten, indem man ihnen z. B. zeigt, dass ihre Misserfolge sich eher auf einen Mangel an effektiven Lernstrategien zurückführen lassen als auf mangelnde Lernfähigkeit oder Faulheit. Gelingt es Schülern, lernstrategisch sinnvoll an ihre Aufgaben zu gehen, ist vermutlich eine Leistungsverbesserung zu erwarten und damit verbunden ein motiviertes Arbeiten und eine bessere Selbsteinschätzung.

3. Steigerung der Unabhängigkeit

Lernstrategien verhelfen Schülern unabhängiger und selbstständiger zu arbeiten.

4. Selbstständiges Weiterlernen

Lernstrategien ermöglichen den Schülern selbstständiges und effektives Lernen in einem neuen Lernumfeld, sei dies durch Ortswechsel, Klassenwechsel oder durch den Übertritt an eine weiterführende Schule bedingt.

5. Transfer

Viele Strategien sind per se für den Transfer geeignet.

6. Transparenz

Die wichtigste Voraussetzung ist, dass Schüler genau wissen,
- was sie gerade lernen;
- warum das für sie wichtig ist;
- was sie tun müssen, um es zu lernen;
- welche Lernmaterialien ihnen dabei zur Verfügung stehen;
- wie viel Zeit sie haben.

---

[1]) Peter Bimmel. Lernstrategien im Deutschunterricht – Funktionen und Vermittlungsfragen. In: Fremdsprache Deutsch, Sondernummer 1995 S. 16 ff.

7. Verantwortung für das eigene Lernen

Je autonomer ein Schüler arbeitet, desto mehr Verantwortung trägt er für den Erfolg seines Lernens. Dabei sollte den Schülern zunehmend die Möglichkeit gegeben werden, sich neben den durch den Lehrplan vorgegebenen Lernzielen eigene Lernziele zu setzen, Lernaktivitäten auszudenken, Lernmaterialien frei zu wählen (was ein umfangreiches Materialangebot voraussetzt) und Evaluation zu ermöglichen, wo es sinnvoll ist.
Anhand von praktischen Unterrichtsbeispielen wird im Folgenden der Umgang mit und die Anwendung von Lernstrategien verdeutlicht.

4.4 Hausaufgaben

Hausaufgabenplan

Zu Beginn des Schuljahres wird mit den Schülern ein- oder zweimal gemeinsam ein Hausaufgabenplan erstellt. Mit der Zeit entwickeln die Schüler ein sicheres Gefühl für ihre individuell angemessene Arbeits- und Zeitplanung.

Tipps für die Hausaufgaben:

1. Arbeite **immer am gleichen Platz.**
2. **Beginne** möglichst **jeden Tag zur gleichen Zeit** mit den Hausaufgaben.
3. Lüfte den Raum. Dann kannst du besser denken.
4. Achte auf eine **freundliche Arbeitsumgebung.**
5. Stell dir einen **Papierkorb** bereit.
6. **Richte** deinen **Arbeitsplatz her.** (Nur Dinge, die du wirklich zum Arbeiten brauchst)
7. Achte darauf, dass das **Licht von der richtigen Seite** kommt. (Bei Rechtshändern von links, bei Linkshändern von rechts)

Für Kinder, die Probleme haben, die Hausaufgaben in angemessener Zeit zu erledigen, empfiehlt sich ein individueller Arbeitsplan (siehe S. 46).

Beispiel aus einer 2. Klasse

Florians Hausaufgabenplan

1. **Ich richte alles her:**
   - Mäppchen
   - Bücher, die ich brauche
   - Arbeitsblätter, die ich brauche
2. **Ich schreibe die Uhrzeit auf, wenn ich beginne.**
3. **Ich fange mit dem an, was ich gut kann.**
4. **Dann bearbeite ich, was ich am wenigsten mag.**
5. **Ich lasse mich nicht ablenken.**
6. **Ich arbeite 1 Stunde, höchstens 1 Stunde und 15 Minuten.**

Montag	Dienstag	Mittwoch	Donnerstag	Freitag
○	○	○	○	○

Male in das freie Feld das passende Gesicht.

Alles geschafft 

Fast alles geschafft: 

Viel zu wenig geschafft: 

Damit Kinder die Hausaufgaben nicht vergessen, ist es notwendig, sinnvolle Notizen zu machen.

lesen
rechnen
schreiben
Arbeitsblatt
malen
sammeln
lernen
U Unterschrift

1. Klasse

Bereits ab den ersten Schulwochen können die Kinder ihre Hausaufgaben notieren. Dazu verwenden sie einfache Symbole, die problemlos gezeichnet und wieder entschlüsselt werden können. Diese Symbole müssen zunächst erklärt werden. Dieses Blatt mit den Symbolzeichen wird auf die erste Seite des Hausaufgabenheftes geklebt, damit Kinder und Eltern dort nachlesen können.

2. Klasse

In der zweiten Klasse können Symbole weiter verwendet werden in Form von Buchstaben. Auch dieser Notizplan wird auf die erste Seite des Hausaufgabenheftes geklebt.

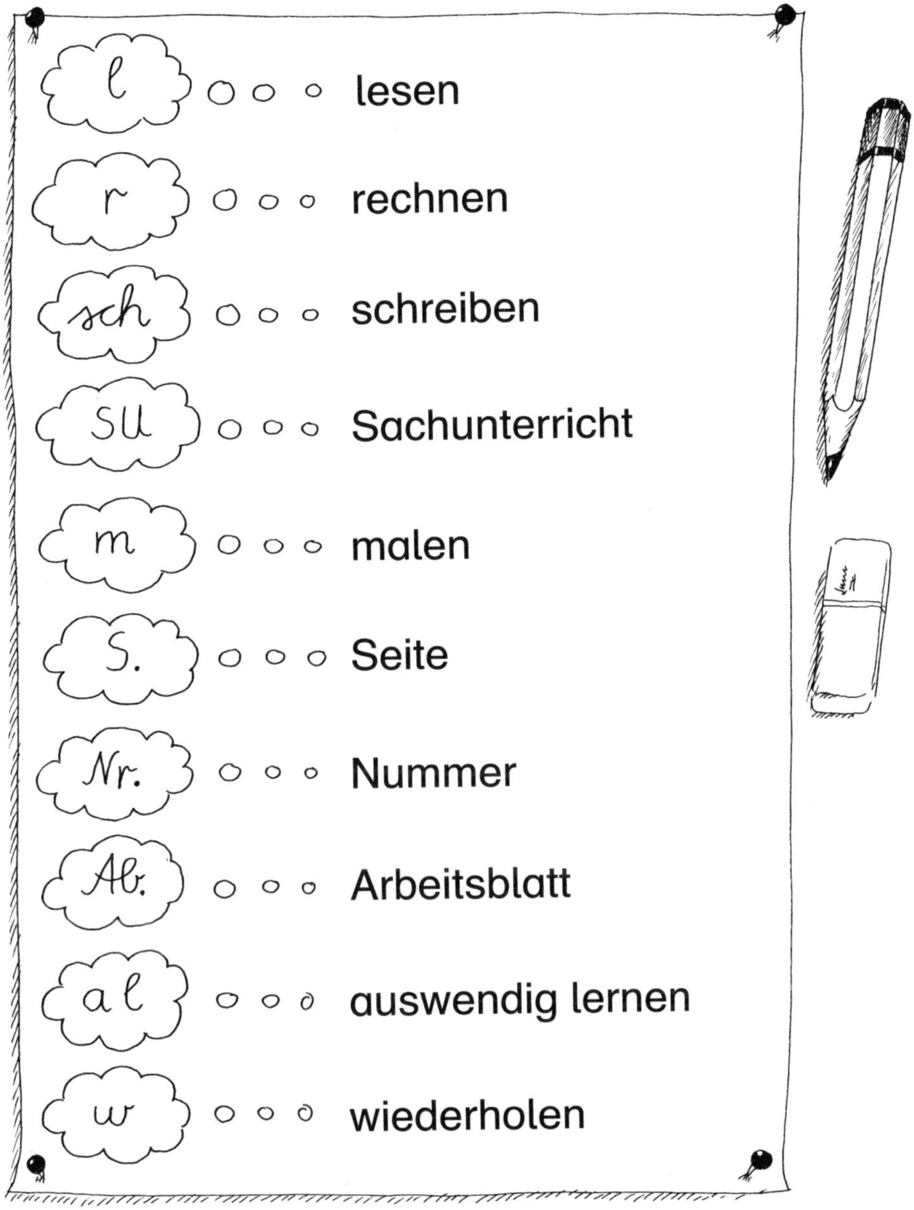

Name: Anna Hausaufgabenplan für die Woche vom ______ bis ______

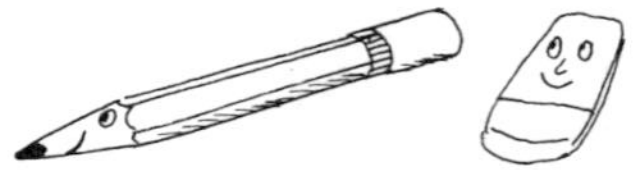

Wichtig: Radio, Fernseher, Walkman und andere Geräte bleiben abgeschaltet!
Beginne mit Aufgaben, die du kannst.

	Montag	Dienstag	Mittwoch	Donnerstag	Freitag	Wochenplanarbeit
Ich beginne um						Wochenplanarbeit in der Schule
Ich möchte fertig sein um						Du hast in dieser Woche **3** Stunden Zeit.
Ich bin wirklich fertig um						
Meine Planung	Meine Planung	Meine Planung	Meine Planung	Meine Planung	Meine Planung	
Fach	Ma AH S. 57 Nr. 1–3	Ma AH S. 57 Nr. 4	Ma Großes Einmaleins wiederholen	SU Stoff wiederholen		Ma Sachaufgaben
Fach	Ma Großes Einmaleins wiederholen	D Das Gewitter S. 43/44 Nr. 1,2, 4, 5, 8	D Das Gewitter GWS-Heft	Ma Großes Einmaleins wiederholen		Ma Ab Nr. 27
Fach	D Das Gewitter S. 43/44 Nr. 3, 4	SU Bücherei Altstadt Mü.	SU Stoff wiederholen	MU Flöte richten für Musik		Ma Ab Nr. 28
Fach	SU Linksabbiegen wiederholen	5 Min. Lernkartei	5 Min. Lernkartei	5 Min. Lernkartei	5 Min. Lernkartei	
Fach	5 Min. Lernkartei					
Fach		Flöten 16.00		Ballett 15.00		
Fach						

1. Räume deinen Arbeitsplatz gründlich auf.
2. Richte dein Mäppchen her und achte darauf, dass die Stifte angespitzt und der Füller gefüllt ist. Packe alles ein.
3. Steht etwas in deinem Infoheft? Lass es unterschreiben.

Tipps für mündliche Hausaufgaben

Lernen einmal anders!

Du musst beim Lernen nicht immer sitzen. Wenn dir das Sitzen schwer fällt, nimm dein Heft oder Buch und gehe mit ihm im Zimmer auf und ab.

Wenn dir etwas schwierig erscheint, versuche es einfach deiner Mami, dem Papi, deinen Geschwistern oder deinem Kuscheltier zu erklären, wenn sonst keiner Zeit hat für dich.

Bereitest du dich auf ein Referat vor, hast du einen Aufsatz vorzulesen oder ein Gedicht vorzutragen, halte deinen Vortrag vor deinen Eltern. Am besten sprichst du auf den Kassettenrekorder. Du wirst staunen.

Kannst du dir etwas absolut nicht merken, schreibe es energisch auf ein großes Blatt für die Pinnwand.

5. Beispiele aus der Praxis

5.1 Lernen-lernen-Training

(Ein Lehrgang in elf Schritten für die 4. Klasse)

Oft wird in den weiterführenden Schulen ein Lernen-lernen-Training angeboten, nachmittags oder an zwei Wochenenden. Institute offerieren für viel Geld Ferienlehrgänge zum Lernen lernen. Auch einige Grundschulen bieten schon eine entsprechende Arbeitsgemeinschaft am Nachmittag an. Doch so gut die Ideen, die dort vermittelt werden, auch sein mögen – oft verhallt der anfängliche gute Wille und der Elan im Schulalltag wieder. Ein Training sollte – wie im Sport – kontinuierlich weitergeführt werden. Wenn man aufhört das Antrainierte immer wieder anzuwenden, folgen erste Rückschritte.
In der vierten Klasse sind die Schüler oft besonders motiviert zu lernen, da sie den Schritt auf eine weiterführende Schule machen werden und sich erstmals mit einer späteren Berufswahl auseinander setzen.
So ist es am sinnvollsten, wenn das Training im Unterricht als Lehrgang in elf Schritten in der Klasse durchgeführt wird. Themen, die sowieso gerade zu behandeln sind, bieten sich für die einzelnen Einheiten an, der direkte Bezug zum alltäglichen Lernen ist dadurch am besten gegeben. Begleitend hierzu und im Anschluss daran sollten immer wieder einzelne Elemente in Erinnerung gerufen und kleine Trainingsschritte wiederholt und auf verschiedene Lerngebiete angewandt werden. Dies bedarf der kontinuierlichen gezielten Begleitung und Anleitung durch die Lehrer. So vernetzt sich das im Training Gelernte mit neuen Inhalten, wird weiter geübt und kann in das Repertoire der Kinder übernommen werden.

Ein Elternabend zum Thema „Wie lernt mein Kind das Lernen?“ ist eine sinnvolle Ergänzung zum Training. Hierbei gilt es unter anderem die Eltern sowohl für die körperlichen, sozialen und geistig-seelischen Komponenten des Lernens zu sensibilisieren als auch ganz konkrete Hinweise zu den Themen Konzentration, Ausdauer und Hausaufgaben zu geben. So kann das Elternhaus das Training der Kinder unterstützen und ergänzen.

Grundschule München

München, 10. November 2004

Sehr geehrte, liebe Eltern unserer vierten Klassen,

in unseren Zeiten des enormen Wissenszuwachses ist der Begriff des lebenslangen Lernens von großer Bedeutung, seit der PISA-Studie ist das richtige Lernen der Schüler in aller Munde. – Nur: Wie geht's?

Um Ihnen für den Start Ihrer Kinder in die Zukunft ein wenig „Rüstzeug“ mitzugeben, laden wir Sie herzlich zu dem **Elternabend**

Das Lernen lernen – aber wie?

am Dienstag, dem **23. November 2004,** um **19.30 Uhr**
im **Mehrzweckraum** ein.

Außer mir werden auch die anderen Lehrkräfte der 4. Klassen unserer Grundschule referieren.

Auf Ihr zahlreiches Erscheinen freuen wir uns.

Mit freundlichen Grüßen

✂ -

Name des Kindes: ______________________ Klasse: __________

Von der Einladung zum Elternabend „Das Lernen lernen – aber wie?“ am 23. 11. 04 habe ich Kenntnis genommen.

Datum: ___________ Unterschrift: _________________________

Lernen-lernen-Training
Lehrgang in elf Schritten

I. Einstiegsstunde

II. Gedicht lernen mit allen Sinnen

III. Wir lernen mit allen Sinnen – Lerntyp-bestimmung

IV. Wie wir die Sinne beim Lernen einsetzen können

V. Ordnung halten – mein Arbeitsplatz

VI. Hausaufgaben / Zeitmanagement

VII. Aufmerksamkeit und Konzentration

VIII. Lesetechniken

IX. Gedächtnis-, Merktechniken

X. Umgang mit Prüfungsangst

XI. Rekapitulation / Abschluss / Wertung

I. Trainingsschritt
Einstiegsstunde

Einstieg

Lehrer erklärt die Zielrichtung des Trainings.

Brainstorming

Der Begriff Brainstorming wird erklärt, Wölkchen dienen als Impulse zu „Was verstehst du unter ‚Lernen'?" und „Wie findest du ‚Lernen'?".
Die Kinder erhalten bunte Karten und sollen nummeriert ihre Ideen und Meinungen dazu aufschreiben (anonym).
Diese werden später von dem Lehrer auf dem PC erstellt, gedruckt und das nächste Mal ausgehängt (siehe S. 54 f.).

Meinungsbildung

Lehrer legt Lernaussagen-Blätter (S. 56) im Klassenzimmer an verschiedenen Stellen aus.
Jedes Kind erhält je fünf Smilies ☺ in grün, 😐 in gelb und ☹ in rot.

Die Bedeutung wird erklärt:
☺ = mache ich gerne, finde ich gut, kann ich
😐 = mal so, mal so, egal, mittelmäßig
☹ = kann ich nicht, mag ich nicht, finde ich blöd

Schüler legen ihre Smilies zu den Lernaussagen, anschließend wird die Anzahl der jeweiligen Smilies in grün, gelb und rot auf dem Aussageblatt notiert.

	☺	😐	☹
Ich lese gerne.	*7*	*11*	*4*
Rechnen macht mir Spaß.	*9*	*5*	*8*
Gedichte finde ich toll.	*5*	*7*	*10*
Mir machen die Pausen Spaß.	*15*	*4*	*3*

Fazit:

Jeder lernt anders, Lernen ist sehr unterschiedlich.
→ Wir werden im Laufe des Trainings herausfinden, wie jeder für sich am besten lernen kann.

Abschluss

Hausaufgabe: Besorgen eines Schnellhefters in der Lieblingsfarbe, beschriften mit Name und Klasse.

Brainstorming-Aussagen einer 4. Klasse

Wie findest du „Lernen“?

- Ich finde es doof.
- Finde ich gut und blöd.
- Ich finde Lernen langweilig und blöd.
- Überflüssig, weil bei mir oft gute Noten rauskommen.
- Ich finde, lernen ist nützlich und toll.
- Ich finde Lernen manchmal blöd, manchmal sehr schön, manchmal vergesse ich die Dinge, die ich gelernt habe.
- Ich finde Lernen manchmal langweilig und manchmal interessant.
- Doof.
- ICH FINDE LERNEN MANCHMAL TOLL, MANCHMAL ÖDE.
- Ganz doof, weil man weniger Zeit zum Spielen hat.
- Ich finde Lernen doof, aber manchmal auch gut.
- Finde ich gut, dass man einen guten Beruf bekommt.
- Manchmal einfach, manchmal anstrengend, manchmal gut, weil man dann Tricks für die Fächer lernt.
- ICH FINDE LERNEN LEICHT UND SPANNEND, AUFREGEND, GUT, UND MANCHMAL LANGWEILIG.
- Ich finde lernen manchmal gut oder schlecht. Ich finde lernen gut, weil man einen Beruf kriegen kann.
- ICH FINDE ES NICHT SCHÖN, ABER ES IST WICHTIG.

Brainstorming-Aussagen einer 4. Klasse

Was verstehst du unter „Lernen“?

- *Ich verstehe es als gute Sache, denn es hilft mir sehr.*
- Unter Lernen verstehe ich wissen. Man muss schlau sein, damit man Berufe lernen kann. Lernen ist wichtig.
- Ich verstehe unter Lernen, dass man sich alte oder neue Hefteinträge gut ansehen muss.
- Manchmal Spaß, manchmal nicht. Dass man streng lernen muss und gut. Die Hauptsache ist, man kann es verstehen und sagen können.
- **Ich verstehe unter Lernen gute Noten.**
- Ich verstehe darunter, dass man etwas weiß und nicht dumm bleibt.
- DASS MAN AUF EINE WEITERE SCHULE KOMMT.
- Wenn man lernt, schreibt man bessere Noten.
- Ich verstehe unter Lernen, dass man beachten muss, was die Lehrer sagen.
- Dass man den Stoff wiederholt.
- **Wenn der Lehrer dem Kind etwas beibringt.**
- ***Ich verstehe unter Lernen eine Übung für den Übertritt.***
- *Ich verstehe unter lernen jeden Tag arbeiten und üben.*
- Lernen bedeutet für mich so viel wie Sachen im Kopf aufnehmen.
- Üben verstehe ich unter lernen. Ab und zu lerne ich es auswendig.
- *Ich verstehe nichts.*

Lernaussagen zum 1. Trainingsschritt:

- Ich lese gerne.
- Sachaufgaben finde ich interessant.
- Ich knobel gerne.
- Rechnen macht mir Spaß.
- Gedichte finde ich toll.
- Diktate schreibe ich gerne mit.
- Wenn ich etwas nicht verstehe, frage ich nach.
- Ich arbeite gerne mit anderen zusammen.
- Ich male gerne.
- Gedichte lerne ich gerne auswendig.
- Hausaufgaben schaffe ich gut.
- Mir machen die Pausen Spaß.
- usw.

Lernaussagen werden auf DIN A4 optisch anregend gestaltet:

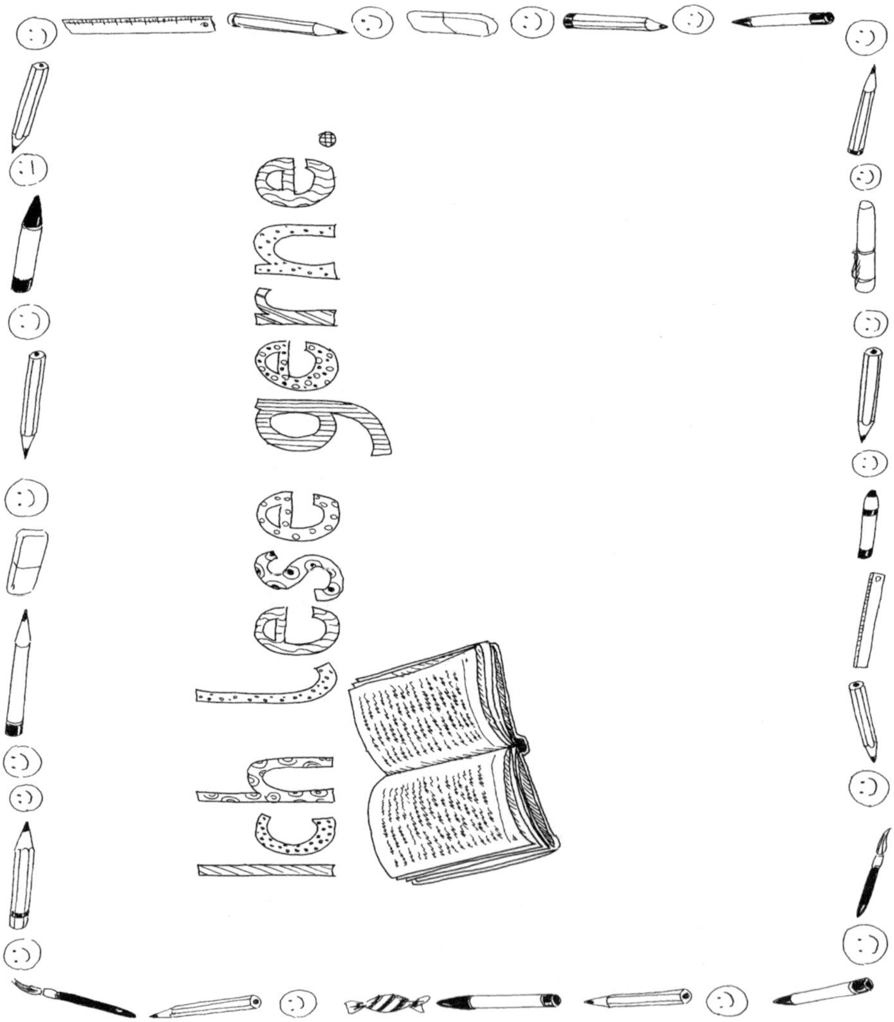

II. Trainingsschritt
Gedicht lernen mit allen Sinnen

Wählen Sie ein Gedicht passend zur Jahreszeit oder zu einem Thema im Sachunterricht aus.

Einstieg

Eine Wahrnehmungsübung:
CD mit Entspannungsmusik, dazu ein Folienbild mit einem Kunstwerk passend zum Gedicht
Die Kinder sollen anschließend ihre Empfindungen zu Musik und Bild äußern.

Zielangabe

Wir lernen ein Gedicht zu dem Bild und der Musik. Evtl. treten Unmutsäußerungen der Kinder auf, auf die man kurz eingehen sollte.

Übungen zu dem Gedicht

- Vortrag: Der Lehrer trägt das Gedicht vor, die Kinder hören mit geschlossenen Augen zu.
- Luftmalerei: Das Gedicht wird über den Tageslichtprojektor an die Wand projiziert, zu den Zeilen werden entsprechende Bewegungen gemacht (z. B. „In allem Frieden schlief abgeschieden hinter einer Hecke der Wind“ = Kopf auf die Seite legen, Hände darunter, Augen zu).
- Rückenschrift: Die Kinder schreiben sich gegenseitig eine Zeile des Gedichts auf den Rücken. Der „Beschriebene“ muss die entsprechende Zeile herausfinden.
- Bildbeschreibung: Die Kinder zeichnen zu den Zeilen entsprechende Bilder.
- Lückenfüller: Die Kinder erhalten ein Blatt, auf dem das Gedicht als Lückentext steht: Alle Vokale sind durch Punkte ersetzt. Die Kinder sollen die Vokale richtig einsetzen.
- Lückenlesen: Auf Folie ist das Gedicht ohne Vokale, aber auch ohne Lücken projiziert. Die Kinder sollen es mit Vokalen vorlesen.
- Anfang und Ende: An die Tafel schreibt der Lehrer nur von jeder Zeile den ersten und den letzten Buchstaben. Die Kinder sprechen die Zeilen dazwischen mit.

Fazit

Wir können das Gedicht auswendig (von mehreren Kindern vortragen lassen). Das Lernen war lustvoll, wenig anstrengend, wir haben alle Sinne eingesetzt.

Abschluss

Musik und Folie vom Anfang werden aufgelegt, die Kinder sagen das Gedicht dazu auf.

III. Trainingsschritt
Wir lernen mit allen Sinnen – Lerntypbestimmung

Einstieg

Als stummer Impuls dient die Folie und die Musik der letzten Stunde, Gedicht kommt durch den Impuls ins Gedächtnis und wird wieder aufgesagt.

Zielangabe

Wie haben wir gelernt, damit das Gedicht bis heute im Gedächtnis blieb?

Eruieren

Bei welcher Übung haben wir welchen Sinn eingesetzt? (Tafelanschrift dazu)

- Vortrag → Ohr
- Rücken schreiben → Körper, Hand
- Luftmalerei → Körper, Hand
- Bild malen → Auge, Hand, geistige Auseinandersetzung

Weitere Merkhilfen

- Lückenfüllen • Lückenlesen • Anfang und Ende:
  Das sind Merkstrategien und eine geistige Auseinandersetzung in vielfältiger Weise mit dem Lernstoff, auf die wir später eingehen werden. Als kurze Zusammenfassung werden die Sinne in das Arbeitsblatt (S. 59) eingesetzt.

Lerntypbestimmung

Ein einfacher Lerntyptest wird durchgeführt. Die Kinder sitzen mit geschlossenen Augen und dem Arbeitsblatt (S. 59) vor sich da. Der Lehrer nennt ein Wort. Die Kinder achten genau darauf, ob sie den Begriff im allerersten Moment vor dem geistigen Auge sehen, etwas hören, es meinen zu spüren, zu riechen oder zu schmecken. In der entsprechenden Rubrik machen sie dann ein Kreuzchen, bevor sie erneut die Augen schließen, um das nächste Wort zu hören. Wichtig ist dabei, dass jeder Begriff auch wirklich mit den genannten Sinnen wahrnehmbar ist. So würde sich z. B. „Rose“ zwar wunderbar für Augen, Hand und Nase anbieten, doch sie ist nicht zu hören! Mögliche Wörter dazu: *Schule, Hund, Wasser, Mutter, Auto, Zeitung Flugzeug, Wald, Wohnzimmer, Katze, ...* Der Test wird ausgewertet, indem untereinander die Kreuzchen zusammengezählt werden. Eine Häufung zeigt den Lerntyp an.

Fazit

Kinder und Lehrer erkennen, dass es ganz unterschiedlich ausgeprägte Lerntypen in der Klasse gibt. Manche sind absolute optische Lerntypen (die meisten), einige akustische, die wenigsten werden haptische sein. Jedenfalls ist die durchschnittliche Verteilung in der Bevölkerung so. Nur wenige Menschen nehmen über alle Sinne gleichmäßig auf. Die Kinder halten ihr eigenes Fazit auf dem folgenden Arbeitsblatt fest.

Lerntypbestimmung

Welcher Lerntyp bin ich?

Ich lerne am besten mit dem ________________-Sinn.

Wie lerne ich?

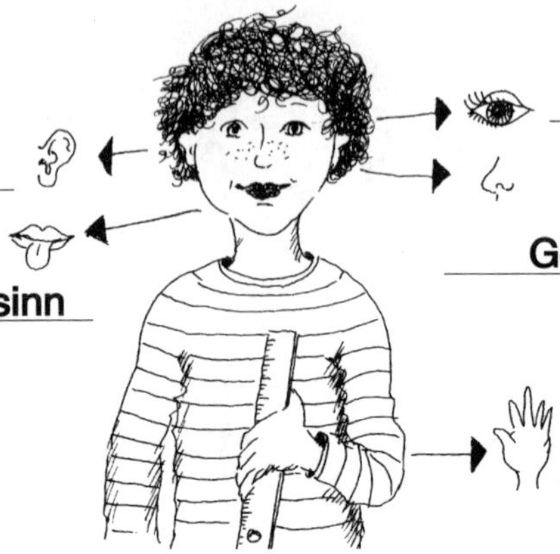

Welcher Lerntyp bin ich?

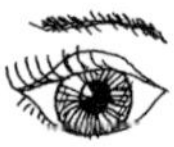			
X			
X			
		X	
X			
	X		
X		X	
	X		
X			

Ich lerne am besten mit dem *Seh* -Sinn.

Zum Lernen benötige ich alle Sinne, ich setze sie alle ein.

IV. Trainingsschritt
Wie wir die Sinne beim Lernen einsetzen können

Einstieg

Als stummer Impuls dient ein Wölkchen „Lernen“ mit drei Zweigen (→ Mindmap) mit den Sinnessymbolen Hand, Auge, Ohr vom letzten Mal.

Erarbeitung

Beim Gedicht haben wir alle Sinne eingesetzt, doch wir tun das auch bei anderen Dingen, die wir lernen.

Der Übertrag zum „alltäglichen“ Lernen soll hier für die Schüler anhand des Beispiels „Lernwörter“ stattfinden.

Momentan zu übende Lernwörter aus dem Rechtschreibunterricht werden als Wortkarten an die Tafel geheftet.

- Gruppenarbeit, 1 Aufgabenblatt (S. 62) pro Gruppe: Was können wir bei diesen Wörtern mit allen Sinnen üben?
- Auswertung als Mindmap an die Tafel, evtl. zusätzliche Impulse über Folie oder kleine Symbole geben (S. 63).

Transfer

So kann ich auch bei anderen Aufgaben (z. B. lernen für den Sachunterricht) meine Sinne nutzen: Folie mit Mindmap, Eintrag auf Arbeitsblatt 1 (S. 64) für Kinder

Vertiefung

Lerntipps den Sinnen zuordnen

Partnerarbeit: Auf dem Arbeitsblatt 2 (S. 65) die Symbole Ohr, Auge, Hand den Tipps zuordnen

Kontrolle mit der Folie

Hausaufgabe

Kärtchen aus Arbeitsblatt 2 ausschneiden und auf dem Arbeitsblatt 3 (S. 66) zu den entsprechenden Sinnen kleben.

Wie kann ich alle Sinne beim Lernen der Lernwörter einsetzen?

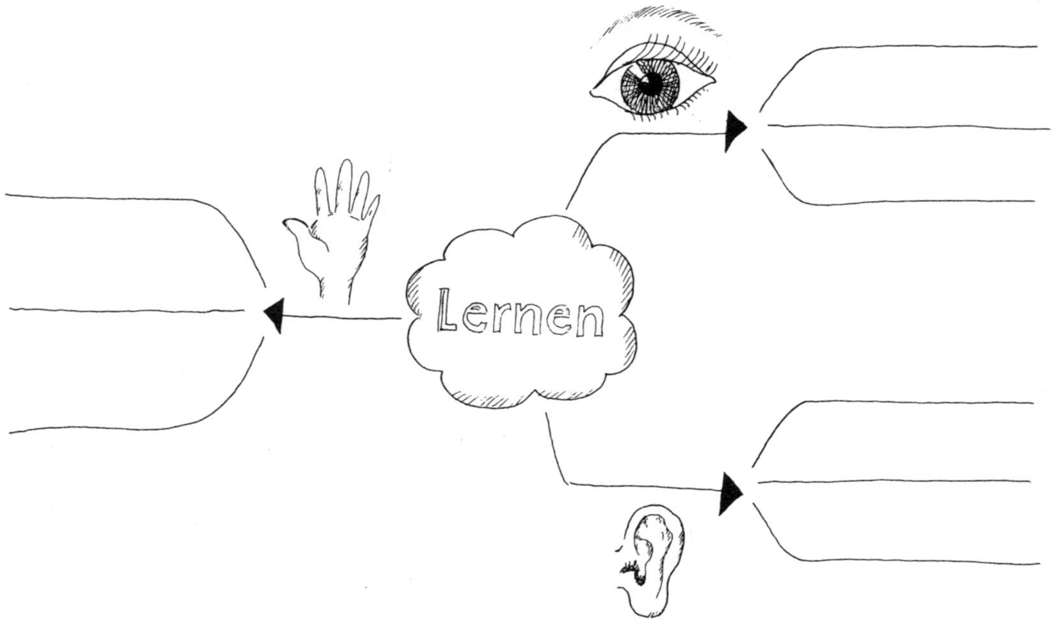

Wie kann ich alle Sinne beim Lernen der Lernwörter einsetzen?

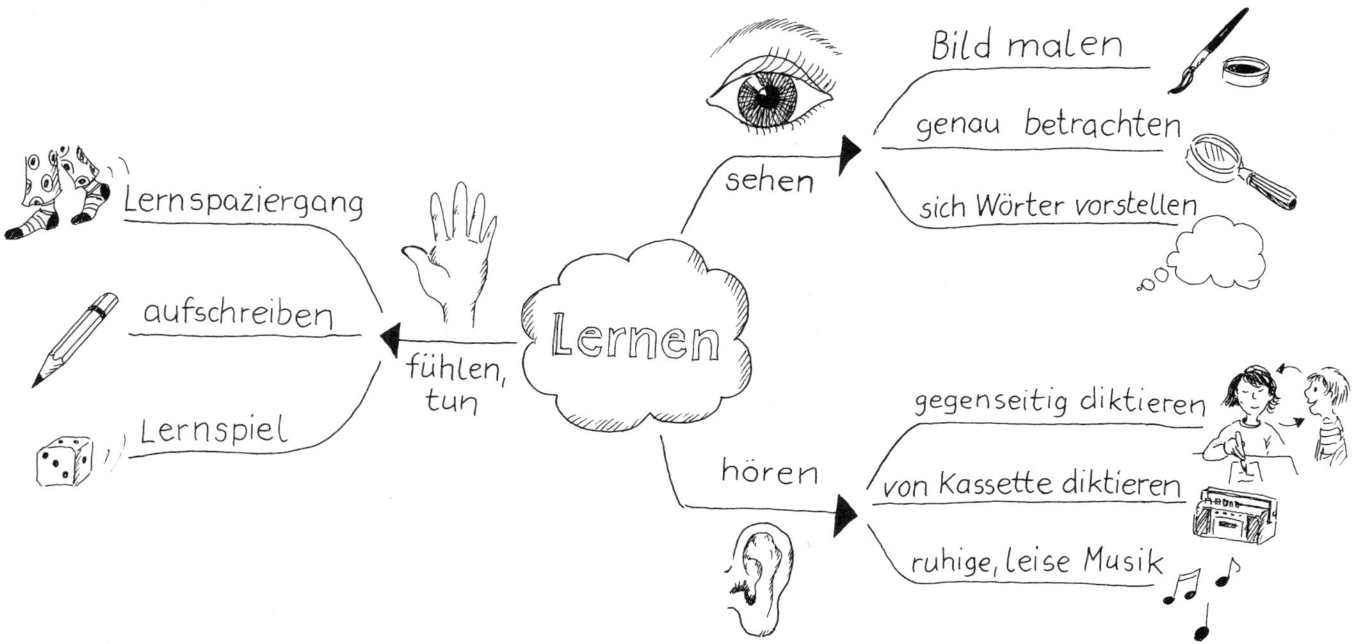

So kann ich alle Sinne beim Lernen einsetzen

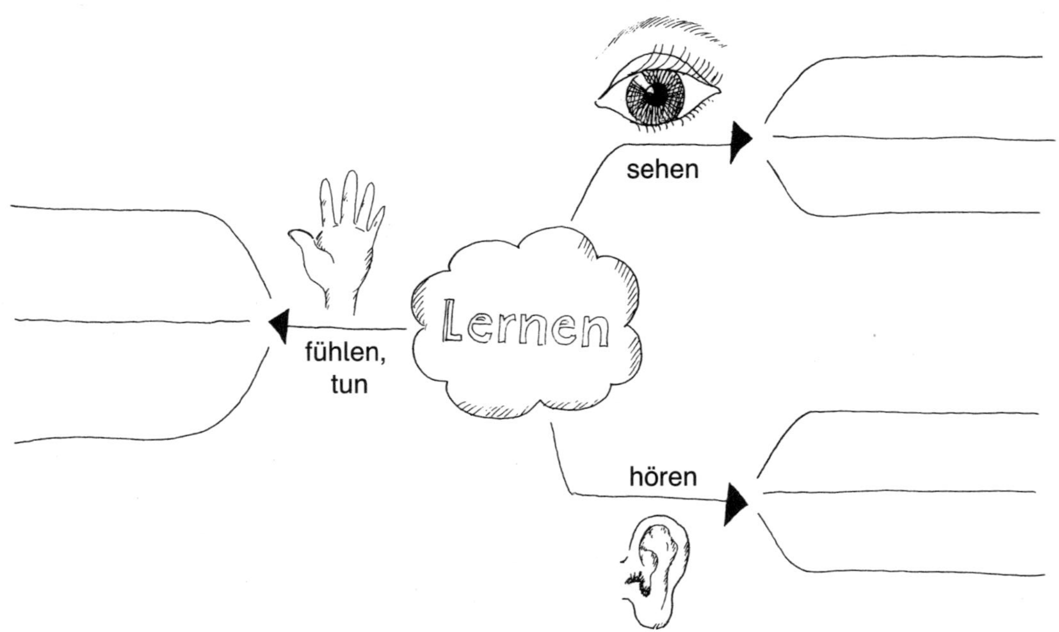

Lerntipps für „Lerntypen“

Schneide die Kärtchen aus und klebe sie zum entsprechenden Lerntyp.

Bringe den Lernstoff in kurze, übersichtliche Notizform (Stichpunkte), verwende dabei Farbe.	Lass dir die Lerngegenstände genau zeigen, steh auf, geh hin, nimm sie in die Hand.
Sprich mit Freunden, Eltern, Geschwistern usw. über den Lernstoff.	Sage dir das, was du lernen sollst, laut vor.
Sorge für genügend körperliche Aktivitäten.	Zeichne dir zum Gliedern von Themen „Gedankenlandkarten“.
Lies komplizierte Aufgaben oder Texte laut vor.	Sprich, was du lernen sollst, auf Kassette und höre es mehrfach ab.
Stell dir Aufgaben in Form von Spielszenen vor.	Schreibe den Lernstoff auf Karteikarten, die du mitnehmen und umsortieren kannst.
Stelle Denk- und Sachaufgaben (Mathematik) mit Strichmännchen und Zeichnungen dar.	Nutze ruhige, leise Musik zur Lernunterstützung.
Sitz beim Lernen nicht immer, sondern durchdenke, was du lernen musst, beim Gehen.	Schreibe schön und gestalte deine Einträge bunt und ansprechend.
Mache öfter mal eine kinesiologische Übung.	Konzentriere dich voll auf das in der Schule Gesagte.

So kann ich alle Sinne beim Lernen einsetzen

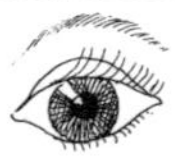 Sehsinn	 Hörsinn	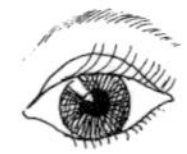 Tastsinn/Bewegung

V. Trainingsschritt
Ordnung halten – mein Arbeitsplatz

Hausaufgabenkontrolle
Vorlesen lassen, welche Kärtchen zu welchem Sinn gehören

Einstieg
Impuls: Tafelbild mit unordentlichem Schreibtisch

Erarbeitung

- Wie arbeite ich an meinem Schreibtisch?
  Partnerarbeit: Überlegen, wie man für gute Lernumgebung sorgen kann, auf den Block notieren
  Auswertung und Zusammenfassung: Auf der Tafel festhalten in Form einer Mindmap (evtl. Anregungen über Folie), wobei die unordentlichen Elemente auf dem Tafelbild peu à peu gelöscht werden
- Alles eine Frage des Lichts!
  Anschauungsexperiment:
  Ein Rechts- und ein Linkshänder werden gebeten, an einem aufgeräumten Schülertisch vorne Platz zu nehmen. Sie sollen etwas schreiben. Der Tageslichtprojektor wird so positioniert, dass er einmal von rechts, einmal von links auf den Tisch leuchtet.
  Die Schüler verbalisieren, wann sie am besten sehen bzw. wann zu viel Schatten auf ihr Blatt fällt.
  Erkenntnis: Das Licht sollte immer von vorn von der der Schreibhand gegenüber liegenden Seite kommen, da sonst die Schreibhand Schatten auf den Arbeitsbereich wirft.

Sicherung
Kinder zeichnen auf ein quer liegendes Blatt ihren Schreibtisch, wie er sein sollte – **mit** Lampe (→ auf Rechts- und Linkshänder achten!).

Hausaufgabe
Überprüfen des Arbeitsplatzes zu Hause, Beseitigen der „Mängel“

Ich sorge für eine gute Lernumgebung

An meine Pinnwand hefte ich den Arbeitsplan.

Das Licht muss von der richtigen Seite kommen.

Nicht mehr benötigtes Arbeitsmaterial lege ich beiseite.

Ich arbeite immer am selben Platz.

Vor der Arbeit und während der kurzen Pausen lüfte ich das Zimmer.

Ich achte darauf, dass ich auf meinem Stuhl gut sitzen kann. Die Höhe muss zum Tisch passen.

Nur die Sachen, die ich zur Arbeit brauche, liegen auf dem Schreibtisch.

Ich schaffe mir einen Arbeitsplatz, den ich freundlich und praktisch gestalte, sodass ich mich wohl fühle.

VI. Trainingsschritt
Hausaufgaben/Zeitmanagement

Hausaufgabenabfrage
Rückmeldungen der Kinder, wie der Arbeitsplatz zu Hause ist und was sie evtl. verändert haben

Einstieg
Impuls über eine Kassette (S. 71), Teil 1, Gespräche zweier Kinder über die Hausaufgaben

Zielangabe
Heute werdet ihr erfahren, wie man die Hausaufgaben planen und sinnvoll einteilen kann.

Erarbeitung

- Gewichtung:
  Kassettentext (S. 71) Teil 2
  Kinder berichten, womit sie beginnen.
  Vergleich mit dem Sportunterricht: Zuerst findet das Warming-up statt.
  Folie „Lernkurve“ (S. 73)
  Kinder äußern sich und gewinnen die Einsicht, dass in den ersten 15 Minuten die Leistungsfähigkeit gering ist.
  → Erkenntnis: Beginne mit etwas Leichtem oder Interessantem.
- Einteilung:
  Folie „Berg“ (Seite 72)
  „Du sitzt vor deinen Hausaufgaben oft wie vor einem Berg und weißt gar nicht, wie du beginnen sollst und wie du jemals damit fertig wirst. – Damit es übersichtlicher wird, verrate ich dir nun einen Trick.“
  Zettel → Stummer Impuls: Zeigen auf Berg
  Pro Hausaufgabenteil einen Zettel, z. B. so:

Lernwörter üben

  Lehrer heftet DIN-A4-Zettel an die Tafel.
  Wie ist eine sinnvolle Reihenfolge zu erstellen?
  Partnerarbeit: Informationstext (S. 73)
  Arbeitsauftrag auf Folie: Lies den Text durch, unterstreiche wichtige Informationen und formuliere mit deinem Partner 3 Merksätze zur Reihenfolge der Hausaufgaben auf deinem Block.
  → Ergebnisse: Fixieren anhand der Folie (S. 74)
  Abwechslung: leicht – schwer
  mündlich – schriftlich
  der Fächer

Die Kinder füllen auf dem Arbeitsblatt den Lückentext in Partnerarbeit (S. 75 f.) aus.
Die Hausaufgabenzettel werden zusammen mit ihnen an der Tafel geordnet.
Direkter Transfer:
Laminierte „Hausaufgabenpinnwände“ und kleine Haftblätter für die Kinder
→ Die Kinder schreiben die heutigen Hausaufgaben auf Haftblätter und heften diese in der für sie richtigen Reihenfolge auf das laminierte Blatt.
Hinweis: „Wenn du fertig bist, darfst du den Zettel zerreißen und wegwerfen.“

- Geordnetes Aufschreiben der Hausaufgabe:
  Vergleich von unterschiedlichen Hausaufgabennotizen
- Einplanen von Lernpausen
  Impuls: Tafelanschrift: Arbeitszeit = Lernzeit + Pausen
  Es folgt eine kurze Diskussion darüber, die Kinder erhalten Informationen, wie wichtig kurze Entspannungsphasen sind.
  Zur sofortigen Anwendung werden isometrische Übungen gemacht.
  Hinweis auf Entspannungs- und Körperübungen, die die Kinder bisher zwischendurch in der Schule gemacht haben.

Hausaufgaben

Strukturieren der Hausaufgaben wie heute gelernt, Kurzbericht auf dem Arbeitsblatt.

Hausaufgaben nach Plan in der Woche ______________

Wochentag	nach Plan ja nein	geklappt? 🙂	😐	🙁	Zeit

Kassettentext zum VI. Trainingsschritt

Teil 1

A: Die Hausaufgaben nerven ganz schön. Es sind immer so viele, da brauche ich immer ewig. Oft schaff' ich es kaum.

B: Viel ist es manchmal schon, aber mehr als eine Stunde brauche ich nie.

A: Jetzt schwindelst du aber. Wie soll denn das gehen?

B: Na, weißt du, ich mache mir immer einen Plan.

A: Einen Plan??? Hhhh???

Teil 2

A: Wie meinst du das mit dem Plan? Das versteh' ich nicht ...

B: Ich überlege mir, womit ich zuerst beginne.

A: Da gibt es doch nichts zu überlegen. Ich fange immer mit dem an, was ich zuerst ins Hausaufgabenheft geschrieben habe.

Teil 3

B: Völliger Quatsch, dass du mit dem anfängst, was als Erstes im Hausaufgabenheft steht.
Ich fange immer mit dem an, was mir Spaß macht und was ich leicht finde, damit sich mein Gehirn für das Lernen aufwärmen kann.

A: Aha! Und warum noch mal?

Hausaufgabenberg
Mathematik-
Buch
S. 45 Nr. 6,7
Lern-
wörter
üben
SU-Buch
S. 95
lesen
Sprache-
Arbeits-
heft
S. 17
Nr. 7a
Gedicht
auswendig
lernen

In welcher Reihenfolge ordne ich die Hausaufgaben an?

Du hast bereits erfahren, warum du mit einer leichten oder für dich interessanten Aufgabe bei den Hausaufgaben beginnen sollst.
Schau dir folgende Lernkurve genau an:

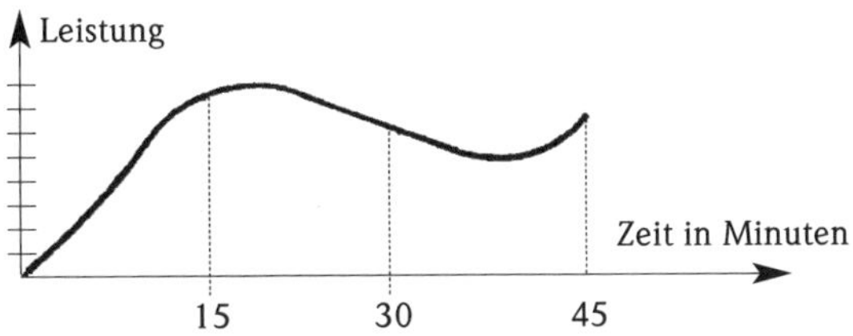

Du siehst, dass sich die Kurve in 3 Schritte aufgliedert. Die Einstiegsphase, die Hauptphase und die Endspurtphase. Du siehst ganz deutlich, dass du je nach Phase unterschiedlich in Form bist. Deshalb kannst du deine Arbeit und die Reihenfolge der Hausaufgaben entsprechend einteilen.
In der mittleren Phase (nach ungefähr 15 Minuten Aufwärmen) sollten die schwierigsten Aufgaben erledigt werden, gegen Ende etwas leichtere Aufgaben und zum Schluss noch mal eine härtere Nuss.

Bei der Reihenfolge der Hausaufgaben solltest du noch Folgendes berücksichtigen: Verfolge einmal dieses Gespräch:
Mutter: „So, Michael, auf ins Bett! Morgen ist wieder ein anstrengender Schultag."
Michael: „Ich muss noch SU durchlesen und das Gedicht auswendig lernen!"
Mutter: „Wie bitte? Ich denke, du hast alles fertig?! Bevor du ins Kino gegangen bist, hast du mir doch erzählt, du hättest alle Aufgaben erledigt!"
Michael: „Ja, hab' ich auch! Ich habe alles Schriftliche längst fertig. Und das bisschen Mündliche geht doch jetzt ganz schnell!"

Mündliche Hausaufgaben werden oft zum Schluss erst gemacht. Manchmal ist das Mündliche aber wichtiger als das Schriftliche. Deshalb wechsle zwischen mündlichen und schriftlichen Hausaufgaben ab. Dann sind die Hausaufgaben nicht so eintönig!

Noch ein Tipp: Wechsle auch zwischen den Fächern ab, zum Beispiel:
→ Mathematik (Einmaleins üben)
→ Deutsch: Arbeitsblatt für Sprache untersuchen
→ Mathematik (Buch S. ...)
→ Deutsch: Lernwörter üben
→ SU: Hefteintrag fertig malen
So tritt mit Sicherheit keine Langeweile auf und du kannst dir alles besser merken!

Der Lerneinstieg:

____

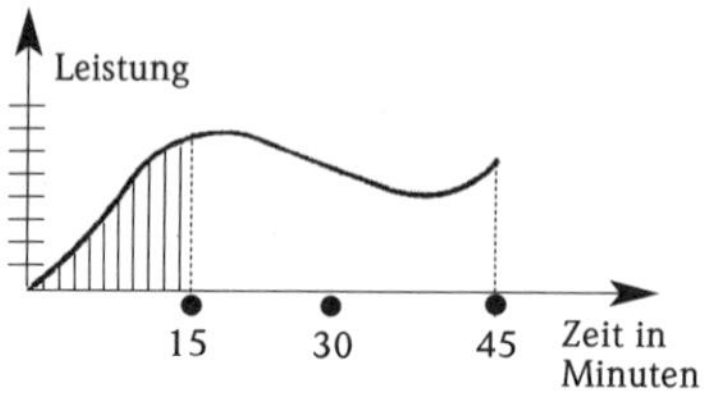

Abwechslung durch die SM-Formel

__________ __________

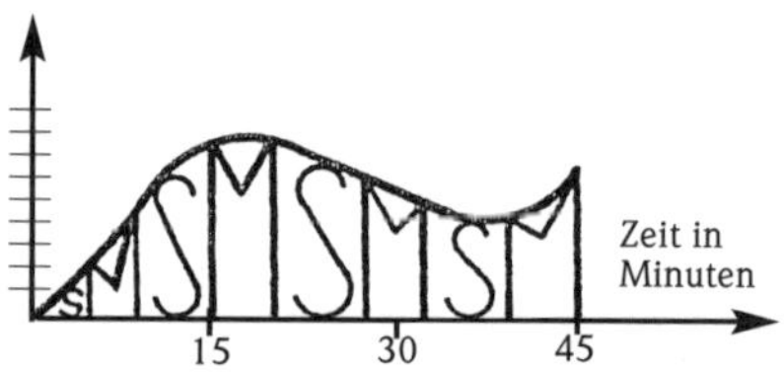

Die Ähnlichkeitshemmung

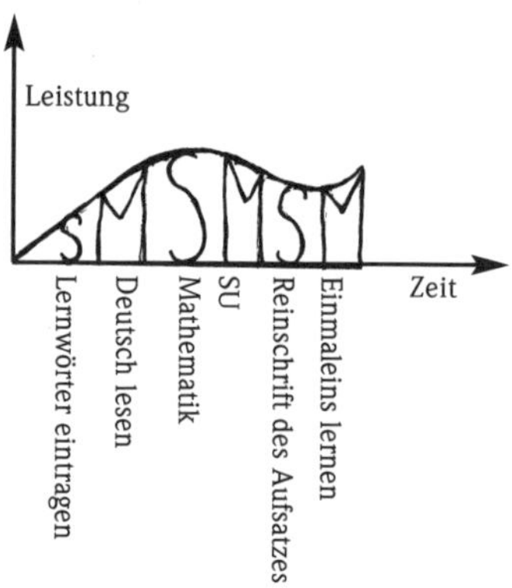

Der Lerneinstieg:

vom Leichten zum Schweren

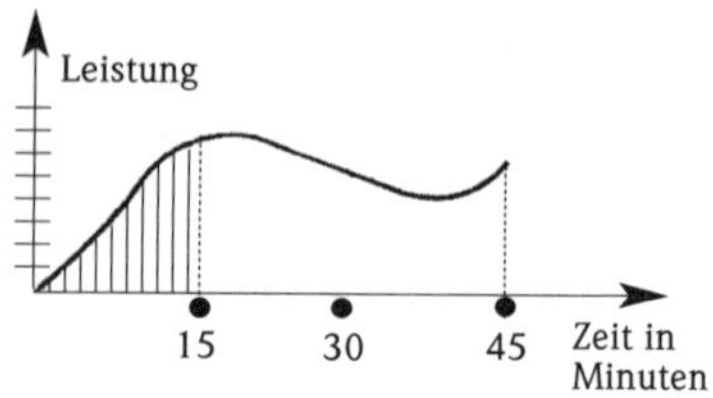

Abwechslung durch die SM-Formel

schriftlich **mündlich**

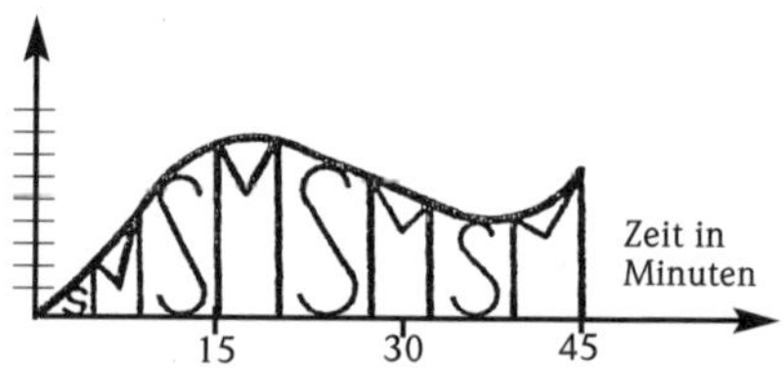

Die Ähnlichkeitshemmung

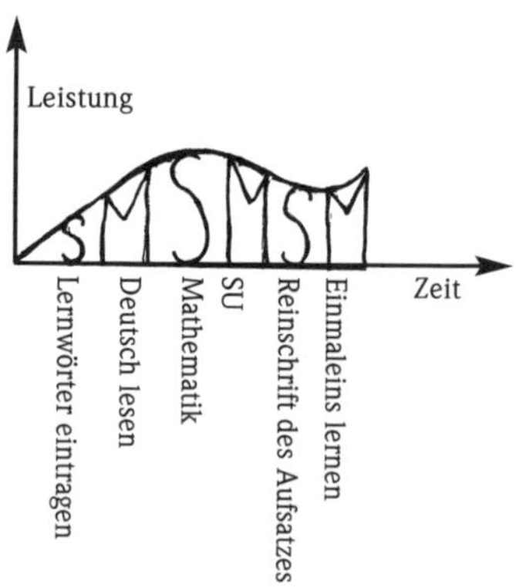

Ich plane die Hausaufgaben

1. Ich teile mir die Arbeit auf ____________________ ein und hefte sie an eine Pinnwand.

2. Alles, was ich erledigt habe, darf ich abnehmen und zerreißen.

3. Ich beginne stets mit etwas ____________________ und etwas ____________________.

4. Ich wechsle ab: ________________ und ____________________ ________________ und ________________.

5. Ich wechsle zwischen _______ ________________ ab.

6. Ich plane ____________________ ein.

Ich plane die Hausaufgaben

1. Ich teile mir die Arbeit auf **Zettel** ein und hefte sie an eine Pinnwand.

2. Alles, was ich erledigt habe, darf ich abnehmen und zerreißen.

3. Ich beginne stets mit etwas **Leichtem** und etwas **Interessantem**.

4. Ich wechsle ab: **mündlich** und **schriftlich**, **leicht** und **schwer**.

5. Ich wechsle zwischen **den** **Fächern** ab.

6. Ich plane **Pausen** ein.

VII. Trainingsschritt
Aufmerksamkeit und Konzentration

Arbeitsorganisation

Wie haben die Hausaufgaben letzte Woche geklappt? Klappte die Arbeit nach Plan? Kontrolle der kleinen Hausaufgabenblätter.

Hinführung/Konzentrationsübung

Yogaübung: Baum

Man steht mit den Armen nach oben lang gestreckt auf einem Bein, das andere ist im rechten Winkel zur Seite abgewinkelt, wobei der Fuß am inneren Kniegelenk des anderen Beines aufliegt. So versucht man so lange wie möglich zu stehen, ohne umzukippen.

Kurze Aussprache, was in der Klasse passiert ist, wie es den Kindern erging bei der Übung (Es wurde ganz still, weil jeder sich sehr konzentrieren musste, jeder kam bei sich zur Mitte.).

Zielangabe

Wortkarte [Konzentration] an die Tafel

Erarbeitung

- Was ist Konzentration?
  Kurzes Brainstorming, Vermutungen an Tafel (linke Seite)
  Stummer Impuls: „zentr" im Wort Kon [zentr] ation markieren
  → Zentrum, zentral, zentrieren ... = Mitte → zur Mitte kommen, die eigene Mitte finden, sich in der Mitte sammeln, auf einen Mittelpunkt zugehen, auf den Mittelpunkt schauen
  lat. concentrare = sich in einem Punkt vereinigen, verdichten
  der „Punkt" ist das, was ich gerade tun will (oder soll)
  Tafelanschrift: Zielscheibe mit Pfeil(en) in Richtung Mitte
- Was kann mich in meiner Konzentration beeinflussen?
  Stummer Impuls: Ein Pfeil von der Zielscheibe wird nach außen gedreht, die vier weiteren Pfeile dann auch.
  Blitze an den Enden der Pfeile (siehe S. 78 oben):
  Differenzierte Gruppenarbeit: Jede Gruppe bekommt einen Blitz, dazu sollen sie Beispiele aus ihrem Schüleralltag finden und in den Blitz schreiben.
  Auswertung an der Tafel. Die Kinder präsentieren die Ergebnisse, diese werden evtl. aus dem Plenum ergänzt.

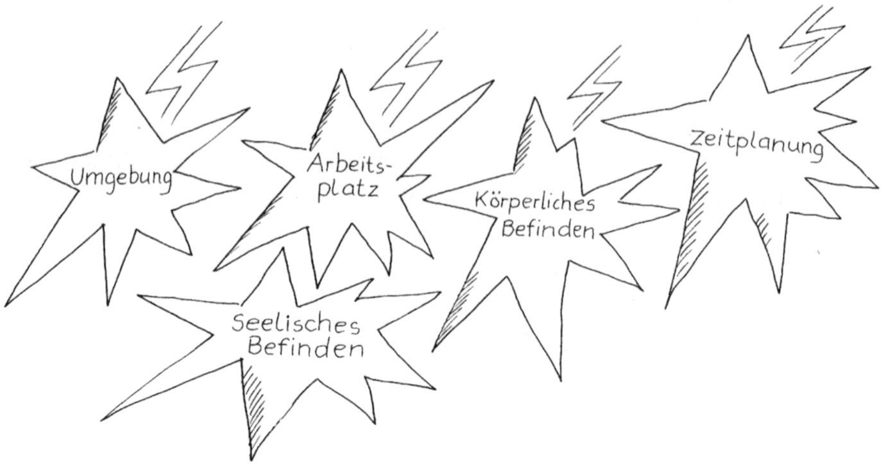

- Wie kann ich meine Konzentration wieder finden?
  Pfeile an der Tafel wieder zurückdrehen, die Blitze mit Wölkchen überdecken.
  Kinder bekommen Arbeitsblatt (siehe rechts)
  → Hausaufgabe: Sie sollen an sich beobachten, wie sie in den einzelnen Bereichen wieder zur Konzentration finden, und dies aufschreiben.

  Nächste Stunde: Kinder berichten, auf Folie werden die Wölkchen gefüllt, Sie ergänzen ihre eigenen Wölkchen (Beispiel S. 79 f.).

Abschluss

Entspannungsmusik, kleines Mandala (evtl. wiederholen, was das mit unserer Konzentration und Mitte zu tun hat!), von außen nach innen malen

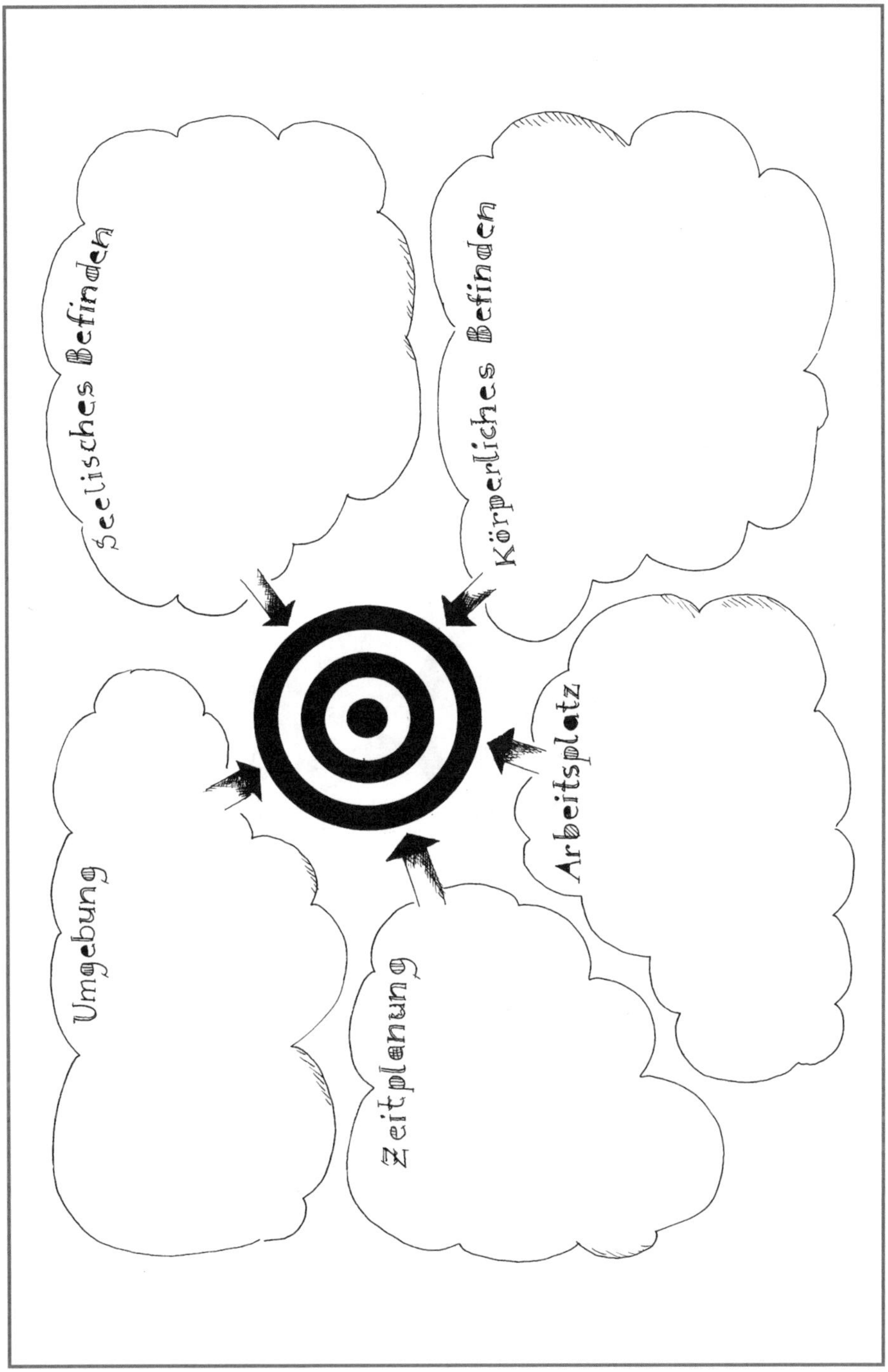
Seelisches Befinden
Körperliches Befinden
Umgebung
Zeitplanung
Arbeitsplatz

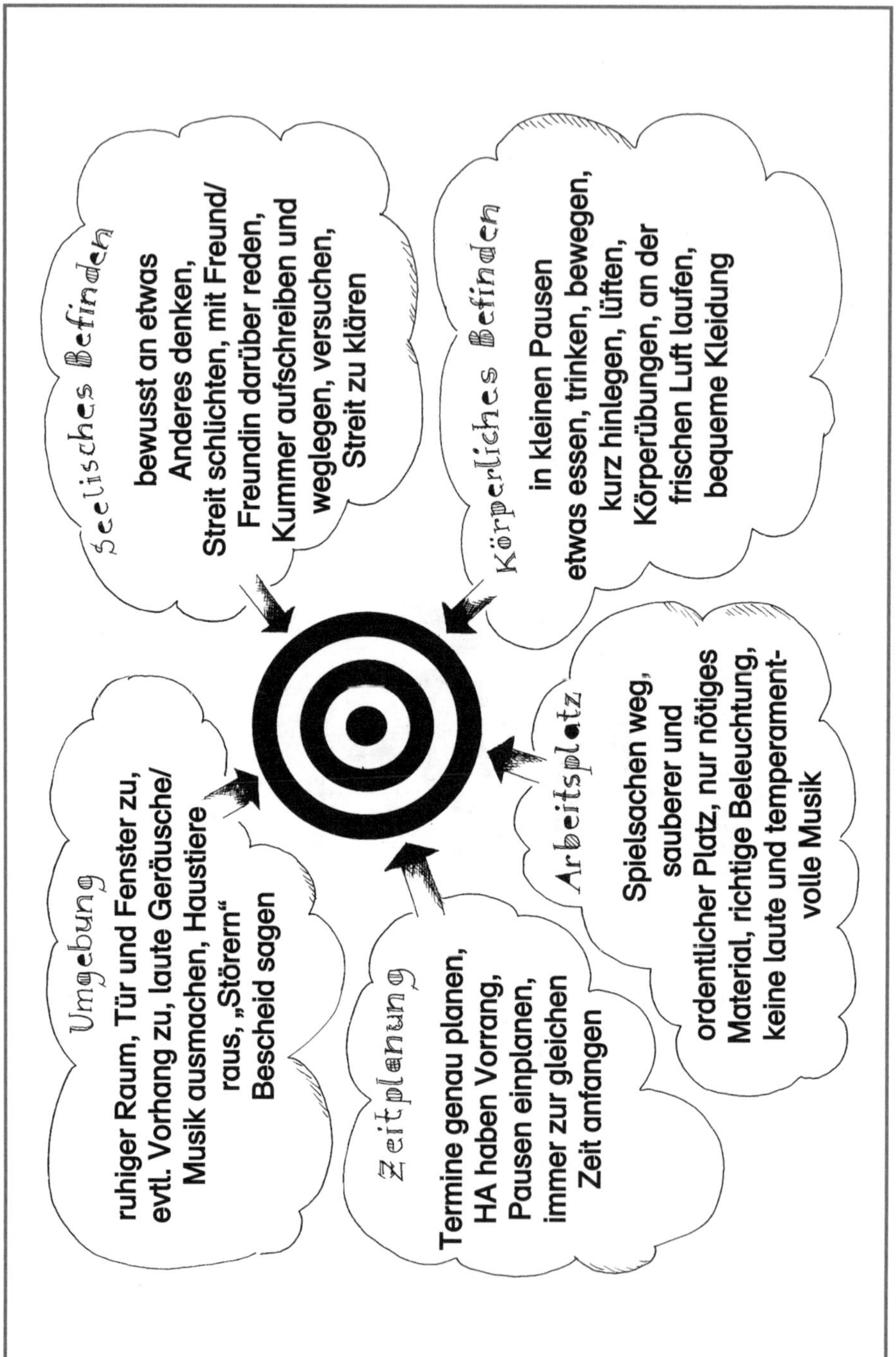
Seelisches Befinden
bewusst an etwas Anderes denken, Streit schlichten, mit Freund/Freundin darüber reden, Kummer aufschreiben und weglegen, versuchen, Streit zu klären
Körperliches Befinden
in kleinen Pausen etwas essen, trinken, bewegen, kurz hinlegen, lüften, Körperübungen, an der frischen Luft laufen, bequeme Kleidung
Umgebung
ruhiger Raum, Tür und Fenster zu, evtl. Vorhang zu, laute Geräusche/Musik ausmachen, Haustiere raus, „Störern“ Bescheid sagen
Zeitplanung
Termine genau planen, HA haben Vorrang, Pausen einplanen, immer zur gleichen Zeit anfangen
Arbeitsplatz
Spielsachen weg, sauberer und ordentlicher Platz, nur nötiges Material, richtige Beleuchtung, keine laute und temperamentvolle Musik

VIII. Trainingsschritt Lesetechniken

Einstieg

„Konzentration beim Lesen"
Partnerübung bzw. Experiment „Augensprünge":
Jeweils zwei Kinder sitzen sich gegenüber und schlagen ihr Lesebuch auf. Hieraus liest einer der beiden zuerst einen ca. 10 Zeilen langen Text still. Dabei hält er das Buch so, dass sein Partner über dem Buchrand nur noch dessen Augen sehen kann. Er soll sie genau beobachten. Dann wird abgewechselt, sodass beide das Gleiche beobachten können.
Die Beobachtungen werden nun thematisiert. Beim Lesen tasten die Augen den Text nicht kontinuierlich ab, sondern springen von einem Fixationspunkt zum nächsten. Die Kinder sollen hierzu kreative Ausdrücke finden, z. B. „über den Text hoppeln", „Hasensprünge" o. Ä.

Zielangabe

Leichter lernen durch richtige Lesetechniken, die „Lese-Sprünge"

Erarbeitung

Erster Sprung: Lesen und unbekannte Wörter markieren
Die Klasse wird halbiert. Die eine Hälfte bekommt einen ca. eine Seite langen Text im Lesebuch, die andere Hälfte einen anderen. Es ist darauf zu achten, dass die Kinder nicht wissen, welchen Text die anderen bekommen. Der erste Hase wird an die Tafel gehängt, dazu der erste Arbeitsauftrag (siehe S. 83). Nun wird geklärt, dass die Kinder die unklaren Wörter mit einem Fragezeichen markieren und anschließend im Wörterbuch, Lexikon o. a. nachschlagen sollen. Evtl. können sie sich auch gegenseitig oder den Lehrer fragen. Sind alle Unklarheiten beseitigt, wird kurz zusammengefasst, wie man an Worterklärungen kommen kann: Nachschlagen im Lexikon, Wörterbuch, digitales Lexikon, Internet, nachfragen bei Lehrer, Geschwistern, Mitschülern, Eltern ...

Zweiter Sprung: Wichtige Wörter finden und unterstreichen
Der zweite Hase wird an die Tafel gehängt, dazu der zweite Arbeitsauftrag. Nun geht es um das Herausfiltern und Merken der wichtigen Informationen in einem Text. Die für das Verständnis wichtigen Wörter sollen mit Bleistift unterstrichen und dann kurz memoriert werden. Gemeinsam wird dies mit jedem Teil der Klasse im ersten Abschnitt des jeweiligen Lesetextes durchgeführt, anschließend arbeiten die Schüler in Partnerarbeit weiter.

Dritter Sprung: Konzentriertes Lesen der wichtigen Wörter
Der dritte Hase wird zusammen mit dem letzten Arbeitsauftrag aufgehängt. Beim „Springen" der Augen von einem wichtigen Wort zum nächsten sollen die Kinder versuchen, diese intensiv aufzunehmen und dadurch auch wieder den Zusammenhang im Text ins Gedächtnis zu bekommen.

Auswertung
Es werden Paare gebildet, wobei immer zwei Kinder mit verschiedenen Texten zusammenarbeiten. Die Bücher werden ausgetauscht. Ein Partner erzählt seinen Text dem anderen, der im Buch kontrolliert (auch anhand der unterstrichenen Wörter), ob die Geschichte richtig wiedergegeben wurde. Bei Stockungen darf der Zuhörer mit den unterstrichenen Wörtern weiterhelfen.
Bei einem anschließenden Gespräch in der Klasse wird über die Erfahrungen und die Tauglichkeit der „wichtigen" Wörter diskutiert und hingewiesen, dass diese Auswahl evtl. verändert werden kann oder muss.

Als Erinnerung erhalten die Kinder das Blatt S. 83.

Der Lese-Sprung
1. Nachschlagen
Den Text lesen und unbekannte Wörter nachschlagen.
2. Unterstreichen
Nochmals lesen und wichtige Wörter unterstreichen.
3. Einprägen
Wichtige Wörter noch einmal lesen und einprägen.

IX. Trainingsschritt
Gedächtnis- und Merktechniken

Einstieg

Wiederholung, welche Sinne wir beim Lernen wie einsetzen sollten (siehe 4. Trainingsschritt)

Erarbeitung weiterer Lerntechniken

- Loci – Technik (von *lat.* „locus“ = Ort)

  Jedes Kind erhält eine Karte, auf der ein im Sachunterricht zu lernender Fakt steht. Diese liest es durch und legt sie an eine gut sichtbare Stelle im Klassenzimmer. Die Kinder werden kurz nach dem Liegeplatz ihrer Karte gefragt und warum sie diesen bestimmten Ort dafür gewählt haben.

  Anschließend gehen alle Kinder durch das Zimmer und lesen sich die Karten durch. Zurück auf dem Platz nennt der Lehrer jeweils kurz den Inhalt einer Karte, die Kinder zeigen an die Stelle, wo die Karte liegt. Nun zeigt der Lehrer an eine Stelle und die Kinder nennen den Inhalt der Karte.

  Es erstaunt alle – möglicherweise auch den Lehrer – wie viel sie von den Fakten innerhalb kurzer Zeit behalten haben.

  Ein Zusammenhang zum Alltäglichen kann hergestellt werden: Wenn wir nicht mehr wissen, warum wir z. B. in den Keller gegangen sind, gehen wir zu der Stelle zurück, an der wir es vorhatten. Dort fällt es uns meist wieder ein.

  So kann auch zu Hause gelernt werden (sehr gut geeignet für Sachunterricht, Sprache untersuchen, Regeln in verschiedenen Bereichen). Zum Schluss werden mit den Kindern geeignete und ungeeignete Plätze besprochen evtl. anhand eines Bildes eines Kinderzimmers aus dem Möbelkatalog. Ungeeignet sind unauffällige und veränderbare Stellen.

- Lernspaziergang

  Ein kurzes Gedicht wird zeilenweise auf Streifen geschrieben. Diese Streifen werden vorgelesen und beim Lesen in einem Spaziergang durch das Klassenzimmer an markanten Stellen abgelegt. Nun stehen die Kinder auf und gehen „im Gänsemarsch“ den gleichen Spaziergang mehrfach durch das Zimmer. Dabei lesen sie die jeweiligen Streifen im Vorbeigehen. Nach ca. drei Durchgängen setzen sich die Kinder wieder auf den Platz. Sie können das Gedicht nun auswendig aufsagen, indem der Lehrer den Spaziergang beim Einsammeln der Karten macht.

  Diese Art zu lernen ist mit der Loci-Methode verwandt und eignet sich besonders für Dinge, die in einer Reihenfolge gelernt werden müssen (Gedichte, Einmaleins, Vorgänge ...).

- Quiz
  Die Kinder schreiben in Partnerarbeit auf Karteikarten Quizfragen zum letzten Sachunterrichts-Lernstoff. Auf der Rückseite steht die jeweilige Lösung. Nun werden die Karten ausgetauscht und von anderen Paaren bearbeitet. Am Schluss erfolgt ein Kreisgespräch darüber, welche Fragen sinnvoll waren und welche überflüssig (was ist wichtig zu lernen?).

Abschluss
Reflexion, welche Methode den Kindern am besten gefallen hat oder welche weitere Methoden sie vielleicht noch kennen
Hausaufgabe: Eine Methode zu einem Lernstoff der Woche zu Hause ausprobieren und eine kurze „Beurteilung" dazu schreiben.

Hinweis: Alle Methoden müssen immer wieder geübt werden, damit die Kinder sie später selbstständig anwenden können. Weitere Methoden können die Klassenlehrer einführen und festigen.

X. Trainingsschritt
Umgang mit Prüfungsangst

Einstieg

Der Lehrer verbreitet eine „Klassenarbeitsatmosphäre“: Schulranzen sollen zwischen den Nachbarn aufgestellt werden, „Arbeitsblätter“ (S. 88) werden verkehrt herum aufgelegt mit dem Hinweis, sie erst umdrehen zu dürfen, wenn alle eines haben ...
Es folgt der Hinweis, dass jeder für sich alleine arbeiten und zuerst alles durchlesen muss. Zeitvorgabe: 5 Minuten.
Die Schüler bearbeiten das Blatt, der Lehrer beobachtet sie dabei genau (Hektik, Angst, verstohlene Blicke...).
Nach 5 Minuten sind sicher noch viele Kinder nicht fertig, es wird trotzdem pünktlich eingesammelt.

Erarbeitung

- <u>Eigene Betroffenheit</u>
  In einem Gesprächskreis berichten die Kinder, wie es ihnen ergangen ist. Nun muss auch für die, die es immer noch nicht entdeckt haben, die „Lösung“ (unten auf dem Arbeitsblatt) aufgedeckt werden. Wahrscheinlich sind einige belustigt, andere verärgert. Das Gespräch wird auf den Begriff „Angst“ kommen, der aufgegriffen wird. Physiologische Vorgänge, dass bei Angst das Gehirn „ausschaltet“, weil es stammesgeschichtlich auf Flucht programmiert ist, werden den Kindern erläutert. Eigene „Angstgeschichten“ vor oder bei Klassenarbeiten werden von den Kindern, evtl. auch vom Lehrer, erzählt, sodass die Kinder erfahren, dass sie nicht die einzigen sind, denen dies widerfährt.

- <u>Wege aus der Angst</u>
  - <u>die richtige Vorbereitung</u>
    „Hinweise“ der Lehrer müssen verstanden werden, damit man auf den „Ernstfall“ vorbereitet ist. Die Kinder sammeln Aussagen, die die Lehrer geben, z. B. „Schaut euch das noch mal gut an.“ – „Jetzt haben wir dieses Thema abgeschlossen.“ ...
    Jetzt gilt es zu lernen!
  - <u>Das Angstgespenst bannen</u>
    Indem man sich seiner Angst bewusst wird, kann man sie mit „jemandem“ teilen bzw. sie „zur Seite legen“, indem man einen Talisman, ein selbst gebasteltes „Gespenstchen“ o. Ä. neben sich legt. Der Gedanke

„Die Angst ist da, ich lege sie neben mir ab, damit ich klar denken kann" hilft oft schon, man kann sich beruhigen. Bei Aufkommen von größeren Angstgefühlen Augen schließen, langsam durchatmen, bewusst daran denken, dass man gut gelernt hat und nun ruhig sein kann. Diese Technik sollte mit den Kindern mehrfach eingeübt werden. Der Hinweis, dass diese kurze Zeit hinterher durch zielgerichtetes Arbeiten gut wieder hereingeholt werden wird, ist wichtig.

– Herangehen an die Arbeit

  Der Tisch ist aufgeräumt, alle Dinge, die für die Klassenarbeit benötigt werden (z. B. Lineal, Füller, Bleistift, ...) liegen parat. So bekommt jeder das gute Gefühl, richtig vorbereitet zu sein und es bricht anschließend bei der Suche keine Hektik aus.

  Leichte Aufgaben werden vom Kind mit einem 🙂, mittelschwere mit einem 😐 und schwierige mit einem ☹ gekennzeichnet und in der Reihenfolge vom Einfachen zum Schweren bearbeitet. So kann es zumindest zeigen, was es kann und steckt nicht am Schluss in Zeitnot.

Zusammenfassung

In einer Mindmap an der Tafel werden die genannten Punkte und evtl. Beiträge der Kinder um ein „Angstgespenst" geschrieben, die Kinder übertragen dies auf ein Blatt zur Erinnerung.

Ausklang

Hausaufgabe: Lernaussagen, die die Kinder bei dem 1. Trainingsschritt gemacht haben, noch mal durchlesen, sich Gedanken um Veränderungen machen.

Name: ______________________________ Datum: __________

1. Klassenarbeit: Ich lerne das Lernen

Lies bitte zuerst die ganze Klassenarbeit durch und beginne erst danach die Aufgaben zu bearbeiten. Wenn du Fragen zu den Aufgaben hast, stelle diese bitte, bevor du anfängst zu schreiben.

1. Schreibe die ersten vier Zeilen des Gedichts, das wir in der 2. Stunde lernten, auf:

   ____

   ____

   ____

   ____

2. Nenne 4 Dinge, die für einen guten Arbeitsplatz wichtig sind.

   ____

   ____

3. Welche Möglichkeiten hast du, dir Dinge gut auswendig zu merken?

   ____

   ____

   ____

4. Kreuze das Richtige an.
   - ☐ Hausaufgaben muss ich immer direkt nach der Schule erledigen.
   - ☐ Es ist ganz egal, wann ich die Hausaufgaben beginne.
   - ☐ Hausaufgaben sollte ich immer etwa zur gleichen Zeit beginnen.
   - ☐ Kurze Pausen sind wichtig bei den Hausaufgaben.
   - ☐ Ich fange am besten mit dem Schwierigsten an.
   - ☐ Ich wechsle zwischen den Fächern ab.

5. Welche Sinne kannst du beim Lernen besonders gut einsetzen?

   ____

6. Was für ein Lerntyp bist du?

   ____

Du hast jetzt das ganze Blatt genau gelesen. Damit du in fünf Minuten fertig werden kannst, brauchst du dir nur drei Aufgaben auszuwählen und auch nur diese drei bearbeiten.

Viel Erfolg!

XI. Trainingsschritt
Abschluss/Rekapitulation/Wertung

Einstieg *(Gegenwart)*
Rückblick auf Lernaussagen vom Anfang (siehe Hausaufgabe 10. Trainingsschritt)
Neue Lernaussage: Was hat sich durch das Lernen–lernen–Training geändert? (auf Blätter schreiben lassen)

Rückblick *(Vergangenheit)*
Wodurch → was haben wir gemacht, gelernt?
In Kleingruppen wird auf Karteikarten ein selbst erdachtes Quiz mit Hilfe der Lernen–lernen–Mappe hergestellt. Dieses wird weitergegeben an die nächste Gruppe, die die Fragen beantwortet. (Erinnerung an Lernmethode im 9. Trainingsschritt, siehe S. 84 f.)

Vornehmen *(Zukunft)*
Kinder schreiben Zettel oder Karten: Was willst du dir Besonderes vornehmen für die nächste Zeit?

Abschlussrunde
Kreissitzordnung
Wertung: Was war für dich wertvoll, was willst du tun, was willst du ändern oder beibehalten?

5.2 Deutsch

5.2.1 Sprechen und Gespräche führen

Schulanfänger bringen unterschiedliche Spracherfahrungen mit. Sprachliche Vorbilder in der Familie, die individuelle Begabung sowie mangelhafte Sprachkenntnisse der Kinder mit nichtdeutscher Muttersprache prägen das Sprechverhalten. Die meisten Kinder erzählen gern und spontan. Diese Erzählfreude muss erhalten bleiben. Die Kinder erfahren in der Gruppe, dass ein Erzähler immer einen Zuhörer braucht und Sprecher und Zuhörer aufeinander eingehen.
Die Beachtung erster einfacher Regeln ermöglicht ein echtes Gespräch im Klassenverband. Grundlegende Sprachkonventionen helfen, mit Anderen in Kontakt zu kommen, zu kommunizieren und letztlich friedlich sich auseinander zu setzen. Lernen erfolgt u. a. über Gespräche. Daher ist es notwendig, die Schüler in ihrem Gesprächsverhalten konsequent zu unterstützen und zu fördern.

Hilfen für Kinder, um richtig zu sprechen und Gespräche zu führen

Gesprächsregeln vereinbaren

1. Klasse

2. Klasse: So sprechen wir miteinander	3./4. Klasse: So kann unser Gespräch gelingen
• Ich melde mich, wenn ich etwas sagen will.	• Ich bleibe beim Thema.
• Ich warte, bis ich aufgerufen werde.	• Ich gehe auf den Vorredner ein.
• Ich schaue meinen Gesprächspartner an.	• Ich frage nach, wenn etwas unklar ist.
• Ich höre dem Anderen zu.	• Ich äußere meine Meinung.
• Ich lasse den Anderen ausreden.	• Ich mache mich nicht über den Anderen lustig.
• Ich lache niemanden aus.	• Ich beachte die Gesprächsregeln.

Sprachmuster verwenden

Sprachmuster helfen Kindern, Sätze zu beginnen. Vor allem sprechgehemmten, sprachlich wenig geförderten und Kindern anderer Muttersprache wird damit die Satzbildung erleichtert und Einwort- und Fragmentsätzen entgegen gewirkt. Der Sinn solcher Sprachmuster muss den Kindern erklärt werden. Die von den Kindern vorgeschlagenen Sprachmuster werden auf einem Plakat festgehalten und für alle gut sichtbar und damit jederzeit verfügbar im Klassenzimmer präsentiert.

Beispiele für Sprachmuster:

So kann ich meinen Satz beginnen.

- Ich sehe...
- Ich vermute...
- Ich denke...
- Ich bin der Meinung...
- Ich glaube...
- Ich fühle...
- Ich habe bemerkt...
- Mir ist aufgefallen...
- Ich habe mir überlegt...
- Mein Partner und ich haben herausgefunden...
- Wir haben in unserer Gruppe festgestellt...

Situationsbezogene Formulierungshilfen sammeln
Die Schüler sollen lernen, sich in den verschiedenen Alltagssituationen angemessen auszudrücken, z. B.

grüßen, sich verabschieden	jemanden beglückwünschen
bitten, danken	sich erkundigen
sich entschuldigen	jemanden einladen

Tipps zum verständlichen und ausdrucksvollen Sprechen

Das deutliche, gut artikulierte Sprechen ist unerlässlich zum gegenseitigen Verständnis. Für das sichere Erkennen von Lauten und das richtige Aufschreiben von Wörtern und Sätzen ist eine genaue Artikulation Voraussetzung, ebenso wie für das Erlernen einer Fremdsprache.

Das gut artikulierte Sprechen ist eng verbunden mit der Musikerziehung.

Die Stimme erproben

laut – leise, hoch – tief, kurz – lang, z. B.:
Indianergeheul
Lachen
Gähnen
Pfeifen
Namen rufen
...

Nachahmungsspiele, z. B.:
Tierstimmen
Märchenfiguren: Hexe, Rumpelstilzchen, Gespenster ...
Musikinstrumente
...

Lautmalerische Wörter sprechen und erfinden, z. B.:
Kuckuck
Uhu
Staunen: ah, oh, wow
...

Flüstern von Wörtern und Sätzen:
Stille Post
Geflüsterte Wörter und Sätze erraten
...

Artikulation trainieren

Lippen- und Zungenübungen:
Mit der Zunge die Zähne putzen innen und außen
Kaubewegungen („Apfel essen“)
Mit der Zunge schnalzen
Die Zunge blecken mit „Bäh-Laut“
Lippen spitzen („Bussi geben“, blasen)
Lippen spannen

Korkensprechen:
Einen Korken zwischen die Vorderzähne nehmen und Wörter, Sätze, Texte sprechen.

Zungenbrecher, Abzählverse, Fingerspiele auch in anderen Sprachen

Sprachspiele

Wenn der Sprachunterricht
dazu führt,
dass die Schüler sich später
nur noch ungern
mit Sprache beschäftigen,
sollte er schleunigst
abgeschafft werden.

(BERNHARD WEISGERBER)

Sprachspiele besitzen einen ausgesprochen hohen Motivationscharakter. Sie regen nicht nur die Fantasie und Kreativität der Kinder an, sondern erweitern auch ihre Sprachkompetenz. Sie dienen der sprechmotorischen Übung, der Steigerung der Artikulationsfähigkeit und der Anwendung richtiger grammatikalischer Strukturen sowie der Wortschatzerweiterung. Gerade in der zwangsfreien Spielsituation kann die Sprechbereitschaft gehemmter Kinder gefördert werden.
Da die Größe der Spielgruppe beliebig sein kann, kommen Sprachspiele dem Bedürfnis des Schülers nach Kommunikation und sozialer Kontaktaufnahme entgegen.

Sprachspiele sind eine beliebte Form,
die Kinder kreativ werden zu lassen.

Wort- und Satzspiele

Wortkette

Material: –
Spieler: ab zwei
Alter: 7 Jahre

Der erste Spieler sagt ein beliebiges Namenwort. Der Reihe nach müssen nun Wörter gefunden werden, die mit dem Endbuchstaben des letzten Wortes beginnen.

HUND – DACH – HOSE – ESEL

Schwieriger wird es, wenn nur Wörter zu einem bestimmten Oberbegriff genannt werden dürfen (z. B. Tiere, Städte, Vornamen).

Silbenkette

Das Spiel wird nach der gleichen Regel wie bei der Wortkette gespielt, jedoch muss das neue Wort mit der letzten Silbe des vorher genannten Wortes beginnen.

SCHULE – LESEN – SENDEN – DENKER– KERZE

Zusammengesetzte Namenwörter

Wie bei der Silbenkette kann das Spiel mit zusammengesetzten Namenwörtern gespielt werden.

HAUSTÜR – TÜRSCHLOSS – SCHLOSSGARTEN

Satzkette

Der erste Spieler nennt einen beliebigen Satz. Mit dem letzten Wort beginnt der nächste Satz.

Gestern war ich beim Fußball. – Fußball spielen macht Spaß. – Spaß macht auch die Schule.

Gedankenkette

Wieder wird eine Wortkette gebildet, wobei jedes Wort inhaltlich mit dem vorher genannten Begriff in Verbindung stehen muss.

WETTER – WOLKEN – BLAU – SONNE

Wörtervermehrung

Ein Wort wird vorgegeben. Die Mitspieler versuchen nun, möglichst viele neue Wörter aus den Buchstaben des vorgegebenen Wortes zu bilden.

Klassenzimmer

Klasse, Zimmer, Kasse, immer, im, sein, Leine, rasen, Meer, Ziel, mir, Mais, Klima...

Ich reise nach Amerika

Material: –
Spieler: ab zwei
Alter: ab 8 Jahre

Die Spieler bilden Sätze nach dem folgenden Muster. Der erste Spieler reist in ein A-Land und muss mit einem A-Gegenstand etwas tun, was ebenfalls mit A beginnt. Der nächste Spieler löst die gleiche Aufgabe mit B, usw.

Ich reise nach Amerika und albere mit Affen.
Ich reise nach Brasilien und bürste Biberpelze.

Wer ist der Esel?

Material: Papier, Stift oder Tafel und Kreide
Spieler: beliebig
Alter: 7 Jahre

Ein Spieler denkt sich ein Wort aus und setzt für jeden Buchstaben einen Punkt. Die Mitspieler nennen nun Buchstaben. Kommt einer davon im Wort vor, trägt er ihn ein. Ist der Buchstabe aber falsch, wird ein Teil eines Esels gemalt.

Sätze bilden

Material: Papier, Stift
Spieler: beliebig
Alter: 8 Jahre

Die Wörter eines Satzes müssen mit dem Buchstaben eines Wortes beginnen.

BROT

Barbara reist ohne Tasche

Gefüllte Kalbsbrust

Material: liniertes Papier, Stift
Spieler: ab zwei
Alter: ab 8 Jahre

Ein Wort mit mehr als vier Buchstaben wird gewählt. Die Buchstaben des Wortes werden in großen Druckbuchstaben am linken Rand des linierten Papiers von oben nach unten untereinander geschrieben, am rechten Rand von unten nach oben. Auf „LOS“ müssen so schnell wie möglich Wörter mit den betreffenden Anfangs- und Endbuchstaben aufgeschrieben werden. Wer als Erster alle Zeilen ausgefüllt hat, ruft „HALT“ und keiner darf mehr weiter schreiben. Die Wörter werden vorgelesen. Für jedes sinnvolle Wort gibt es einen Punkt. Haben zwei Spieler dasselbe Wort, gibt es einen halben Punkt. Sieger ist, wer die meisten Punkte hat.

K	rau	T
A	nana	S
L	inda	U
B	ä	R
S	ie	B
B	u	S
R	au	B
U	nfal	L
S	of	A
T	an	K

Erzählspiele

Dichterlehrling

Material: –
Spieler: ab 4
Alter: 8 Jahre

Ein Spieler wird zum „Dichterlehrling“ ernannt und beginnt eine beliebige Geschichte zu erzählen. Ein Mitspieler ruft ihm nun ein Wort zu, das er in seine Geschichte einbauen muss. Sobald ihm dies gelungen ist, kommt von den Mitspielern ein neuer Begriff.

Geschichten spinnen

Material: –
Spieler: ab 4
Alter: 8 Jahre

Ein Spieler beginnt eine spannende Geschichte zu erzählen. An einer beliebigen Stelle ruft er einen Mitspieler auf, der die Handlung nun „weiterspinnen“ soll.

Variation:
Jeder Spieler erzählt einen Satz und gibt anschließend an den Nebenspieler weiter.

Sämtliche Sprachspiele schulen das genaue Zuhören, die Aufmerksamkeit und Konzentration – wichtige Stützfaktoren, die wir zum Lernen brauchen.

5.2.2 Texte verfassen

Schreibkonferenzen

Schreibkonferenzen stellen ... ein Verfahren dar, einen selbst verfassten Text einer kritischen Öffentlichkeit zur Diskussion zu präsentieren, um aus den Reaktionen der Teilnehmer Hinweise für eine eventuelle Überarbeitung des Textes zu erhalten.[1])

Die Notwendigkeit einer Reform der traditionellen Aufsatzerziehung wird von vielen Lehrern eingesehen. Die Sorge, man könne dem Lehrplan nicht entsprechen oder die Kontrolle über den Unterrichtsablauf verlieren, hält viele

[1]) Gudrun Spitta, Schreibkonferenzen in Klasse 3 und 4, Cornelsen-Verlag, Frankfurt am Main 1992 S. 12, © Prof. Dr. Gudrun Spitta

von dem notwendigen ersten Schritt ab. Dem unvorbereiteten Beobachter, der wenig vertraut ist mit den Prinzipien des offenen und handlungsorientierten Unterrichtes, erscheint der Ablauf einer Schreibkonferenz zunächst chaotisch. Abgesehen von Klassenkonferenz und Autorenlesung, die vor versammelter Klasse stattfinden, arbeiten die Schüler völlig selbstständig an unterschiedlichen Aufgaben. Während die einen ihre Themen suchen oder Entwürfe anfertigen, arbeiten an anderer Stelle mehrere Schüler im Team (kleine Konferenz); wieder andere schreiben an der Reinschrift des korrigierten Entwurfes.
Hier gilt ebenfalls, was auf den offenen, handlungsorientierten Unterricht grundsätzlich zutrifft. Je mehr Freiraum und Eigenverantwortlichkeit den Schülern übertragen wird, desto präziser und strukturierter muss der Unterricht geplant, vorbereitet und organisiert werden. Dies klingt zunächst widersprüchlich. Eines darf auf keinen Fall passieren, dass der Lehrer den Überblick über Leistungsstand und Lernverhalten auch nur eines Schülers aus den Augen verliert.

Sinn von Schreibkonferenzen

- Die freie Themenwahl erhöht die Motivation beim Schreiben.
- Grundlegende Gesprächstechniken wie aufmerksames Zuhören, das Eingehen auf die Teilnehmer der Konferenz, das Einbringen konstruktiver und wohlwollender Kritik werden gefördert.
- Jedes Kind erhält sein persönliches Feedback.
- Durch die Überarbeitung und die Verbesserungsvorschläge anderer Geschichten werden Kriterien für einen guten Aufsatz verinnerlicht.

Themenauswahl

Die freie Themenauswahl ist allen Vorgaben vorzuziehen. Sie entspringt einem meist spontanen Entschluss, resultiert in der Regel aus der unmittelbaren Erlebniswelt des Schreibers und ist damit authentisch.

Schreib-los-Kartei

Die Schreib-los-Kartei bietet Kindern, die Probleme mit der Themenwahl haben, Schreibanlässe. Ein Bild mit plakativem Text soll die Kinder zum Schreiben motivieren.

Aufsatzkartei[1]

Die Aufsatzkartei ist hervorragend geeignet zur qualitativen und quantitativen Differenzierung. Gerade in multikulturellen Klassen mit unterschiedlichstem

[1]) Beutel, Gerlinde/von Lockstaedt-Schäffer, Meinhild, Aufsatzkartei: Texte schreiben 4. © 1996 Cornelsen-Verlag, Berlin

Niveau im Bereich der sprachlichen Ausdrucksfähigkeit bietet eine sinnvolle Differenzierung gute Voraussetzungen für die Steigerung der Kommunikationsfähigkeit.

Beispiel einer mittelschweren Aufgabe

Ein Streich in der Nacht

Taschenlampe
Bettlaken
Schatten
Käuzchenschrei
Wasser
Aufregung
Spaß
Herzklopfen
klappern
rasseln
heulen

○ Was für einen Streich könnten die Kinder planen?
☆ Überlege, ob es eine lustige, spannende oder nachdenkliche Geschichte werden soll.
☽ Wähle aus und schreibe deine Geschichte.

aus: Beutel, Gerlinde/von Lockstaedt-Schäffer, Meinhild: Aufsatzkartei: Texte schreiben 4, S. 101. © 1996 Cornelsen Verlag, Berlin.

Voraussetzungen

- **Vertrauensvolle Atmosphäre**

- **Einhalten gemeinsam erarbeiteter Gesprächsregeln:**
  Wir hören einander gut zu.
  Es redet immer nur eine/einer.
  Wir sagen, was uns gut gefällt und begründen unsere Meinung.
  Wir geben Tipps zur Verbesserung.
  Wir sagen unsere Kritik ehrlich, aber nie verletzend.

- **Sitzordnung**

Für die Klassenkonferenz und Autorenlesung sollte Platz für einen Sitzkreis geschaffen werden. Wichtig ist eine bequeme, entspannte Sitzhaltung, da für die Konferenz und Lesung unter Umständen eine Unterrichtsstunde und mehr einkalkuliert werden muss.

- **Konferenzecken**

Die kleine Konferenz im Team benötigt in der Regel drei Plätze. Diese sollten ein ruhiges ungestörtes Arbeiten ermöglichen. Es bieten sich Nebenräume, Leseecken, Garderoben oder, bei geöffneter Tür, auch der Flur an.

- **Konferenzen im Freien**

Im Sommer können sowohl Klassenkonferenzen und Autorenlesungen als auch Teamarbeit im Freien stattfinden.

- **Zeitliche Planung**

Wochenplan
Schreibkonferenzen zu einem festgesetzten Zeitpunkt werden im Wochenplan verankert. Als Pflichtteil ist dieser Zeitpunkt für alle verbindlich. Geschichten werden entworfen, im Team (kleine Konferenz) überarbeitet oder eine Reinschrift angefertigt.

Gleitzeit bei Unterrichtsbeginn
In der Zeit zwischen 7.30 Uhr und 8.15 Uhr haben die Schüler Gelegenheit, frei über ihre gewünschten Aktivitäten zu entscheiden. Unter anderem wird ihnen ermöglicht, an ihren Geschichten zu arbeiten. Wiederum bieten sich Aufsatzentwürfe, kleine Konferenzen und Reinschriften an. Der Lehrer hat zu diesem Zeitpunkt auch die Möglichkeit, individuell zu beraten und zu unterstützen.

Förderstunden
Im Rahmen einer quantitativen und qualitativen Differenzierung wird in dieser Stunde unter anderem mit Aufsatzkarteien gearbeitet, die im Niveau unterschiedliche Aufgabenstellungen beinhalten und eine optimale Förderung ermöglichen. (Beispiel einer mittelschweren Aufgabenstellung siehe Seite 99)

- **Bereitstellen von Materialien**

Arbeitsblätter für den Entwurf
Für die Korrektur eines Entwurfes ist es wichtig, dass zwischen den zu beschreibenden Zeilen genügend Platz vorhanden ist für die Korrekturen.

Arbeitsblätter für die Reinschrift
Die Reinschrift des Aufsatzes wird zunächst an der Aufsatzwand ausgestellt. Jeder der möchte, kann die Geschichte lesen. Anschließend werden die Aufsätze in einem Geschichtenordner gesammelt, der in der Bücherecke allen zur Verfügung steht (siehe Seite 108).

Tipps zum Schreiben

Sinnvolle Anleitungen gibt z. B. die Kartei „Tipps zum Schreiben“

Deutsch — Tipps zum Schreiben 3

Hilfe! Meine Geschichte ist zu langweilig...

Geschichten wirken oft langweilig, weil man sich die Dinge, die darin erzählt werden, gar nicht richtig – nicht genau genug – vorstellen kann.

Um Dinge oder Ereignisse lebendig werden zu lassen, musst du „mit allen Sinnen“ erzählen: also beschreiben,

- wie sich etwas anhört oder anfühlt,
- wie etwas riecht oder schmeckt,
- wie etwas aussieht oder sich anfasst.

Zum Beispiel schrieb Daniela zuerst:
Mein neues Bad ist schön.

Später hieß es stattdessen:
Mein neues Bad leuchtet wie ein Regenbogen.

Deutsch — Tipps zum Schreiben 4

Hilfe! Ich finde keinen Schluss zu meiner Geschichte ...

Einen guten Schluss zu finden ist oft wirklich schwer. Du kannst dir damit helfen:

- Schreibe im letzten Satz dein Gefühl zu dem Ereignis, der Handlung oder den Personen in deiner Geschichte auf.
  Oder
- Schreibe Deine Meinung zu der beschriebenen Sache auf.

Tim hat zum Beispiel einmal geschrieben:

Und ich mag meinen Freund Olaf doch gut leiden, auch wenn es meinen Eltern nicht passt.

Deutsch — Tipps zum Schreiben 5

Hilfe! Mir fallen keine passenden Wörter ein. Und außerdem sind meine Satzanfänge immer gleich.

Macht euch in der Klasse eine Liste mit guten Satzanfängen.

In dieser Liste (oder Kartei) könnt ihr – bei Bedarf – nachschauen und (mit einem anderen Kind gemeinsam) überlegen, welche Satzanfänge passend wären.

Satzanfänge Klasse 3 c
danach
anschließend
nun
jetzt
später
...
deswegen
deshalb
...

Für die „treffenden Wörter“ legt ihr euch am besten auch so eine Liste oder Kartei an.

Dann sammelt Ihr zum Beispiel Ersatzwörter für „gehen“:
laufen, schlendern, wandern, humpeln

Deutsch — Tipps zum Schreiben 6

Wörterersatzkarte

Wörter für sagen:

rufen, schreien, brüllen,
fragen, antworten, erwidern,
flüstern, meinen, murmeln,
entgegnen, sprechen, schimpfen,
bitten, meckern, flehen

Beispiel einer von Kindern einer dritten Klasse geschriebenen Wörterersatzkarte

Konferenzprotokoll
In der Klassenkonferenz hört sich die Klasse den Aufsatz zuerst ganz, dann in Teilschritten an. Satzweise haben die Mitschüler des Autors Gelegenheit, Stellung zu nehmen.
Währenddessen fertigt der Lehrer ein Konferenzprotokoll an. Schüler sind wegen des Tempos und der Menge der eingebrachten Vorschläge kaum in der Lage, ein brauchbares Protokoll zu erstellen. Zum Ritual einer positiven Schreibkonferenzkultur gehört, dass sich die Schüler zuerst und ernsthaft Gedanken darüber machen, was an der vorgestellten Geschichte gelungen ist und was ihnen gefallen hat. Dieser positiven Bewertung ist ebensoviel Gewichtung einzuräumen wie der anschließenden kritischen Auseinandersetzung mit dem Text.

Merketiketten
Die Stichpunkte des Konferenzprotokolls werden auf kleinen Klebeetiketten zusammengefasst und auf den Aufsatz geklebt. Das Team der kleinen Konferenz kann während der Beratung immer darauf zurückgreifen und die eigene Arbeit überprüfen.

Kassettenrekorder
Viele Kinder erzählen gerne, haben aber im schriftlichen Bereich wenig Zutrauen. Für diese eignet sich der Einsatz von Kassettenrekordern.

Ablauf einer Schreibkonferenz

Die während der Schreibkonferenz verfassten Texte durchlaufen sechs Stufen. Deshalb empfiehlt es sich, sechs entsprechende Ablagen bereitzustellen. Die Arbeiten werden bei der Rückgabe mit Büroklammern zusammengeheftet und im entsprechenden Fach bis zur nächsten Arbeitsphase deponiert. So behält der Lehrer den Überblick. Anhand des nun folgenden Unterrichtsbeispieles wird der Ablauf einer Schreibkonferenz verdeutlicht.

Erstentwurf
Beispiel eines Entwurfes aus der Unterrichtspraxis. Das Thema wurde frei gewählt. Der Aufsatz wird hier rechtschriftlich unverändert und wortgetreu wiedergegeben.

Die lebende Kuscheltiere

Im Sommer ist Familie Lüftlich in den Urlaub gefahren. Einige Tage später sind die ganzen Kuscheltiere lebendig geworden...
„Oh es ist so eng“! stönte Bussi, der kleine Bär. Armer Bussi, er liegt ganz eingeängt in einer Ecke. „Ua“, brüllte Leo der König der Kuscheltiere. Mama Bär grub sich schnell aus dieser heißen Bettdecke, um Bussi zu befreien. Endlich ist Bussi befreid worden, denn er hat schon geweint. „Puh geschaft die ganzen Kuscheltiere sind aus Ecke, Kiste, volle Regale und den mufigen Bettdecken befreide.“ freute sich Leo. „Wieso ist es hir so dunkel?“, fragte das Kaninchen Toptop. Daraufhin antwortete Kunibert das kleine Gespenst. „Weil die Rolläden runtergezogen sind und die Lampen nicht angeschaltet sind!“ „Achso meinte Toptop. Es war wirklich sehr dunkel in das Kinderzimmer von Lena und Martin. Die stärksten Kuscheltiere wie zum Beispiel Opa der große Bär, Leo und Anton, der Affe standen und gingen zu den Fenstern. „Hauruk, hauruk, schrien sie aber nicht zu laut.
„Toll!“, nun freuten sich alle, und Gunibert hat das Licht auch mal ganz gerne. „Nanu, warum wird es wieder dunkel?“ fragte Bussi besort. „Weil die Sonne untergeht antwortete Leo. Plötzlich ist es ganz dunkel geworden und die Uhr schlug zwölf. Wer fliegt den da im Zimmer herum?

Erstkorrektur durch den Lehrer

Nach Fertigstellung des Erstentwurfes nimmt der Lehrer eine Erstbeurteilung vor und trägt das Ergebnis in eine dafür vorbereitete Liste (siehe Seite 106) ein. Hier kann eine vorläufige Note vermerkt werden. Allerdings werden im Original des Textes keine Bemerkungen niedergeschrieben. Im Gegensatz zu vorher eingeübten Aufsätzen, sind die in Schreibkonferenzen erstellten Texte, vor allem bei freigewählten Themen, authentische Eigenleistungen und geben ein wesentlich objektiveres Bild über die tatsächliche Sprachleistung des Autors.
Die durch das Kind beschrifteten Zeilen des Originals werden nun durchnummeriert und der Entwurf kopiert.

Klassenkonferenz und Protokoll

Während der Konferenz schreibt der Lehrer das Protokoll. Durch die Kopie der Geschichte in der Hand des Lehrers und die durchnummerierten Zeilen des zu besprechenden Textes, fällt die Verständigung leichter.
In unserem Fall sah das Protokoll so aus:

Protokoll zur Klassenkonferenz am 22. 04. 04
Autor: Michèle
Thema: Die lebenden Kuscheltiere

Das hat uns gut gefallen

Zeile	Inhalt
–	Du hast dir eine lustige Geschichte ausgedacht.
–	Ich habe gerne zugehört!
–	Deine Satzanfänge sind gut gelungen.
10	Die Stelle … „liegt ganz eingeengt“ gefällt mir gut, weil man sich das richtig vorstellen kann.
–	Die Namen sind so lustig! Familie Lüftlich, Top Top, Kunibert.

Daran solltest du noch arbeiten:

Zeile	Inhalt
5	Wann genau sind die Tiere denn lebendig geworden? Und wo?
12	Wo befindet sich Leo, der Löwe?
14/15	…bei dir kommt oft „befreien“ vor.
ab 35	Weshalb freuen sich alle?
37	„Kunibert hat das Licht auch mal ganz gern“. Warum? Er ist doch ein Gespenst?
39	Erst war es dunkel, dann wurde es hell und nun ist es wieder dunkel???
44	Die Sonne ist gerade erst untergegangen und plötzlich ist es Mitternacht. Das geht zu schnell!
45	Ich finde, das ist kein richtiger Schluss. Da fehlt noch was.

Kleine Konferenz

Der Autor und sein Team, mit dem der Aufsatz besprochen und korrigiert werden soll, erhalten den unkommentierten Originaltext mit einem Etikett versehen, das in kurzer Form das Ergebnis einer Klassenkonferenz beinhaltet. Die wichtigsten Kriterien für eine sinnvolle Korrektur sind dadurch immer parat. Das Team korrigiert stets in Rot.

Hier das Deckblatt mit Merketikett:

Name: Michèle

Aufsatzkonferenz

Autor: Michèle
Konferenzleiter: Niklas
Weitere Berater: Dinah

Name Michèle

Die Aufsatzkonferenz rät dir:
1. Vermeide Wiederholungen!
2. Manchmal hüpfst du zu schnell von einem Ereignis zum anderen. Zeile 39 dunkel – hell – dunkel – plötzlich Mitternacht
3. Ändere deinen Schluss...

Thema:

lebendigen

1 Die ~~lebende~~ Kuscheltiere

Geschichte:

2 Im Sommer ist die Familie Lüftlich in den Urlaub

3 gefahren.

Zweitkorrektur durch den Lehrer und Festlegen der endgültigen Benotung

Der Lehrer ergänzt die Korrektur des Teams in Grün (in unserem Beispiel sind diese Stellen in Druckschrift geschrieben), bewertet das Ergebnis neu und legt die endgültige Note fest. An dieser Stelle lässt sich sehr deutlich erkennen, ob ein Lernzuwachs stattgefunden hat oder nicht. Es ist zu überlegen, ob die Resultate einer Schreibkonferenz durch Noten bewertet werden sollen. Die Schüler würden durch den Notendruck demotiviert, sagen die einen, wie sonst kann Aufsatzerziehung in die Gesamtbewertung für das Fach Deutsch einfließen, sagen die anderen. Die Tatsache, dass Leistungsnachweise erbracht werden müssen, legt eine Bewertung nahe. Wie diese aussieht, bleibt dem Lehrer überlassen. Er kann jeden Aufsatz mit einer Note bewerten oder die Aufsätze schriftlich kommentieren und eine Gesamtnote kurz vor dem Halbjahres- und Jahreszeugnis festlegen.

Reinschrift

Michèle		**Aufsatzkonferenz**
Erstentwurf	**Überarbeiteter Entwurf**	
3 – 4	2 –	Note
19. 4. 04	28. 4. 04	Datum
Die lebendigen Kuscheltiere	Die lebendigen Kuscheltiere	Thema
ja →		Thema erfasst
Stofftiere in einem Kinderzimmer werden während der Abwesenheit der Familie lebendig… →		Gest. einh. durchg. Idee
Idee an sich stimmig, Lücken → Verständnisprobleme → wenig spannend, da keine spannende Handlung Ende wirkt abgehackt…	Inhalt nicht durch spannende Handlung ersetzt. Dennoch: Sprünge u. Lücken geschlossen, Geschichte in sich abgerundet, Schluss sinnvoll abgeändert	Gest. zush. Idee stimmig
Einl. + Hauptt. + Ende –	Ende korrigiert	Gliederung
verrät viel	verrät zu viel	Überschrift
– bemüht sich um Abwechslung stöhnte, eingeengt, brüllte, grub sich aus, …	– vor allem im 2. Teil abgeändert und durch passendere ersetzt	Verben/Adjektive
nicht sehr ausdrucksstark (noch nicht) → besser als im vorigen Aufsatz!!!	wesentlich verbessert	Ausdruck
+	+	w. Rede, Ausrufe, Fragen
– kaum, da in sich keine spannende Erzählung →		Spannungsbogen
– Sätze vollständig – Sinnschritte sinnvoll →		Satzbau, -gefüge
– abwechslungsreich →		Satzanfänge
Zeitfehler: Zeilen 10, 15, 16 Wiederh.: Zeilen 14, 15, 20, 28, 40, 43	verbessert	Zeit/Wiederholungen
erheblich weniger Fehler als im letzten Aufsatz	verbessert	Rechtschreibung

Das Kind fertigt nun eine Reinschrift an:

Name: Michèle Datum: 28. 4. 04

Die lebendigen Kuscheltiere

Im Sommer ist die Familie Lüftlich in den Urlaub gefah-
ren. Einige Tage später, nachdem die Familie das Haus
verlassen hatte, sind die ganzen Kuscheltiere in Lenas
und Martins Kinderzimmer lebendig geworden. „Oh, es
ist so eng!“, stöhnte Bussi, der kleine Bär. Armer Bussi,
er lag ganz eingeengt in einer Ecke. „Ua“, brüllte Leo,
der König der Kuscheltiere vom Regal aus. Mama Bär
grub sich schnell aus der heißen Bettdecke von Martin
um Bussi aus seinem Gefängnis zu zerren. Endlich war
Bussi befreit. Er hatte schon geweint. „Puh, geschafft!
Alle Kuscheltiere sind aus Ecken, Kisten, vollen Rega-
len und den muffigen Bettdecken hervorgekrochen!“,
freut sich Leo. „Wieso ist es hier so dunkel?“, fragte
Top-top, das kleine Kaninchen. Daraufhin antwortete
Kunibert, das kleine Gespenst: „Weil die Rollläden her-

Daran solltest du noch arbeiten:

Zeile	Inhalt
5	Wann genau sind die Tiere denn lebendig gewor-den? Und wo?
12	Wo befindet sich Leo, der Löwe?
14/15	…bei dir kommt oft „befreien“ vor.
ab 35	Weshalb freuen sich alle?
37	„Kunibert hat das Licht auch mal ganz gern“. Warum? Er ist doch ein Gespenst?
39	Erst war es dunkel, dann wurde es hell und nun ist es wieder dunkel???
44	Die Sonne ist gerade erst untergegangen und plötzlich ist es Mitternacht. Das geht zu schnell!
45	Ich finde, das ist kein richtiger Schluss. Da fehlt noch was.

Vergleicht man den Entwurf mit der Reinschrift, so ließe sich noch in der Reinschrift das eine oder andere verbessern. Zum Beispiel Wortwiederholungen oder Feinheiten im Satzbau oder Ausdruck. Eventuell ließe sich noch ein spannenderer Teil einbauen. Beobachtet man jedoch, mit welchem Eifer und Ernst so ein kleines Team an seiner Korrektur arbeitet, so sollte man sich über das durchaus positive Arbeitsergebnis und den Erfolg freuen, den Autor und seine Berater loben und sehr behutsam mit Kritik umgehen. Auch Teilerfolge sind Erfolge.

Autorenlesung
Die Reinschrift wird bei der Autorenlesung vorgestellt. Die Klasse kann nun ebenfalls beurteilen, ob eine Verbesserung des Ausgangstextes vorliegt.
Es bleibt dem Lehrer überlassen, ob die Schüler an der Notengebung beteiligt werden, wie gelegentlich empfohlen wird, oder nicht. Auch nach Bekanntgabe der Bewertungskriterien ist eine objektive Beurteilung durch Grundschüler sicherlich nicht unproblematisch.

Autorenwand
Die Reinschriften können nun an einer eigens dafür eingerichteten Pinnwand gelesen werden.

Geschichtenbuch
Nach einiger Zeit wandern die Texte von der Autorenwand in den Geschichtenordner, der allen zugänglich im Klassenzimmer aufgelegt wird.

Plakate
Die wichtigsten Tipps für das Geschichtenschreiben werden auf einem Plakat festgehalten und im Klassenzimmer aufgehängt. Die Schüler erhalten ebenfalls ein Exemplar dieser Tipps für ihre Pinnwand zu Hause.

Tipps: Aufsatz – kein Problem (s. S. 109)

Aufsatz – Kein Problem.

Manchmal hast du plötzlich eine ganz tolle Idee für eine Geschichte.
Schreib dir sofort ein paar Stichpunkte auf.
Wir sind schon gespannt auf deine Geschichte.

Regeln, die dir helfen können

1. Lass beim Schreiben immer eine Zeile frei für die Korrektur.
2. Überlege dir eine spannende Überschrift.
3. Denke daran:
   - kurze Einleitung (Wer? Wann? Wo? Was?)
   - längerer Hauptteil (nur **eine** Geschichte, spannend, mit Höhepunkt)
   - kurzer Schluss (Zusammenfassung, Schlussgedanke)
4. Vermeide gleiche Satzanfänge. Schreibe das erste Wort des Satzes rot und mache den Punkt am Ende des Satzes grün. Dann siehst du leichter, ob du zwei gleiche Satzanfänge hast.
5. Verwende viele treffende Tun- und Wiewörter.
6. Schreibe in der Gegenwart oder in der 1. Vergangenheit.
7. Wörtliche Rede macht die Geschichte spannend. Es muss aber immer klar sein, wer gerade spricht.

**Wenn du diese Regeln beachtest,
wirst du sicher ein Geschichtenkönig!**

Ein guter Tipp:
Sprich deine Geschichte zuerst auf Tonband. Höre sie dir kritisch an oder spiele sie jemandem vor. Schreibe sie erst danach nieder.

Notizen

Sinnvolle Notizen braucht man für Referate, für Nachrichten an die Eltern, wenn ein Ausflug ansteht oder das Zusammenfassen eines Lernstoffes. Es handelt sich um die wichtigsten Kernaussagen in Form von Stichpunkten. Notizen zu erstellen setzt bei Grundschülern ein hohes Maß an analytischer Fähigkeit voraus. Unter anderem wird diese Technik des Zergliederns einer Information in Wesentliches und Unwesentliches in Niederschriften eingeübt.

Ein Beispiel

Herr Mayer ruft an. Jan nimmt den Hörer ab!
„Grüß dich, Jan! Hier ist Herr Mayer von der Möbelfabrik Schneider. Ist deine Mutter zu sprechen?“
„Guten Tag Herr Schneider! Meine Mutter ist leider nicht da!“
„Kannst du bitte deiner Mutter etwas ausrichten? Der Stuhl, den sie bestellt hat, ist da. Wir kommen am Dienstag um 10.00 Uhr vorbei und bringen ihn. Statt 80 Euro kostet er nur 76 Euro. Sie möchte bitte das Geld entweder bar oder in Form eines Schecks bereitlegen. Meinst du, das klappt?“
„Das geht in Ordnung!“ antwortet Jan.

So sieht Jans Notiz für seine Mutter aus:

Liebe Mami!
Ein sehr freundlicher Herr
bringt Dienstag den Stuhl,
den du dir bestellt hast!
Bussi, Jan

Wie hieß der Herr?
Wann kommt er genau?
Was kostet der Stuhl?

Meinst du, die Mutter hat sich gefreut?
Sie ruft?

So sieht eine sinnvolle Notiz für die Mutter aus:

Liebe Mami!
Herr Mayer von der Möbelfabrik
Schneider hat angerufen!
Der Stuhl kommt am Dienstag
um 10.00 Uhr,
er kostet statt 80 € nur 76 €
(Scheck oder in bar.)
Bussi, Jan

5.2.3 Sprache untersuchen

In diesem Lernbereich erhalten die Kinder Einblick in den Bau der Sprache und erwerben somit Sprachkompetenz. Als „Sprachforscher“ sollen die Kinder die Sprache untersuchen, um sie bewusst und planvoll gebrauchen zu können. Durch das Erproben vielfältiger sprachlicher Möglichkeiten entdecken sie allmählich Struktur und Funktion der Sprache und werden mit Fachbegriffen vertraut, die zum reflektierten Umgang mit Sprache notwendig sind. Regeln, die als Merkhilfe dienen, formulieren und begründen die Kinder selbst. Der Lehrer gibt lediglich Hilfestellungen bei Unklarheiten oder dem Versuch, einen Sachverhalt präziser auszudrücken. Was man sich selbst erarbeitet hat, bleibt nachhaltiger im Gedächtnis. In diesem Zusammenhang lernen die Kinder z. B. Wortarten in ihrer Leistung kennen und unterscheiden. Um selbstständig mit den Wortarten umgehen zu können, sollten gemeinsam Merkhilfen erarbeitet werden, die entweder als Tipps für die Pinnwand, als Merkplakat im Klassenzimmer oder als Hefteintrag festgehalten werden.

Namenwörter

So kann ich sie beweisen:

Ein **Namenwort** ist ein Name für jemanden oder etwas.
Zu jedem **Namenwort** passt ein Begleiter: **das** Lied, **ein** Lied
Die meisten Namenwörter kann ich in die
Einzahl und **Mehrzahl** setzen:
das Lied – die Lieder

Tunwörter

So kann ich sie beweisen:

Bei **Tunwörtern** frage ich: „Was **tut** jemand? Was **tut** etwas?
Julia **singt**. Was **tut** Julia? Antwort: Sie **singt**.
Vor Tunwörter kann ich z. B.
ich, er, es, wir setzen:
ich singe – er singt – es singt – wir singen

Wiewörter

So kann ich sie beweisen:

Bei **Wiewörtern** frage ich: **Wie** ist jemand? **Wie** ist etwas?
Wie ist die Musik? Antwort: **laut**
Zu vielen Wiewörtern gibt es das **Gegenteil: laut – leise**
Das Wiewort kann auch zwischen dem Begleiter und dem
Namenwort stehen: die **laute** Musik.

Satzbausteine

Folgende Übungseinheit dient der Sicherung von Satzgliedern und wird in Einzelarbeit während der Freiarbeit oder auch in Gruppenarbeit durchgeführt. Als bekannt vorausgesetzt werden Subjekt, Prädikat, Dativobjekt, Akkusativobjekt, Lokaladverbiale und Temporaladverbiale. Gelegentlich auf den Satzbausteinen auftretende andere Adverbialformen (Bsp. ... mit Stricknadeln – Instrumentaladverbiale) müssen nicht näher bestimmt werden. Lediglich die Frage (...womit?) wird notiert. Erfahrungsgemäß fällt die entsprechende Fragestellung den Schülern nicht so schwer, wie man annehmen könnte.

Auf 5 Holzwürfel mit jeweils 4 cm Seitenlänge wurden folgende Satzglieder geklebt. Für fünf Gruppen weden Satzteilwürfel vorbereitet. Damit kein Durcheinander entsteht, sollen die freien Kästchen links unten mit der jeweiligen Gruppenfarbe ausgefüllt werden.

Bsp.:
1. Satz

FRAU IPPISCH	STRICKT	IM HANDARBEITSZIMMER	MIT STRICKNADELN	EINEN STRUMPF
☐ 1	☐ 1	☐ 1	☐ 1	☐ 1

2. Satz

ONKEL OTTO	SITZT	AM MORGEN	IM BÜRO	AUF EINEM DREHSTUHL
☐ 2	☐ 2	☐ 2	☐ 2	☐ 2

3. Satz

DER BALLON	STEIGT	AM NACHMITTAG	LANGSAM	IN DEN HIMMEL
☐ 3	☐ 3	☐ 3	☐ 3	☐ 3

4. bis 6. Satz analog.

Tipp:

Die Einzelsegmente können auf Etiketten gedruckt und auf die Würfel geklebt werden.

1. Schritt
Die Schüler würfeln zunächst inhaltliche Unsinnsätze, die jedoch grammatikalisch in die richtige Ordnung gebracht und auf dem Block notiert werden müssen.

Beispiel:

Opa rechnet mit Stricknadeln leise im Ohrsessel.
Herr Bahner schnarcht am Abend im Handarbeitszimmer im Ohrsessel.

2. Schritt
Anschließend sollen die Satzteile auf den Würfeln in einen inhaltlich sinnvollen Zusammenhang gebracht werden. Da jedes Segment eines Satzes mit der gleichen Ziffer versehen ist, sind die zusammengehörigen Satzglieder leicht zu finden.

3. Schritt
Nun werden die Satzglieder in einen sinnvollen Zusammenhang gebracht und auf Folie geschrieben. Auch wenn alle Buchstaben großgeschrieben sind, muss auf die Rechtschreibung geachtet werden.

4. Schritt
Die Satzteile müssen bestimmt werden. Die Satzglieder werden auf der Folie mit der richtigen Farbe unterstrichen, mit dem richtigen Zeichen und der dazugehörigen Frage versehen.

5. Schritt
Die Klasse korrigiert zum Schluss gemeinsam die auf der Folie notierten Sätze.

Beispiel

Wer o. was? Wer tut? Wann? Wie? Wohin?
Der Ballon steigt am Nachmittag langsam in den Himmel
SG ▲ SA ● ZA ❑ OA ❑

Eselsbrücken (siehe S. 115)

Eselsbrücken oder wie ich mir etwas merken kann!

Beispiel: Du kannst dir folgende Regel nicht merken:

Namenwörter schreiben wir groß.

1. Vielleicht kannst du dir einen rhythmischen Sprechvers merken?

Ein Namenwort, ach wie famos,
das schreibt man immer groß.

2. Oder du versuchst es dir bildlich vorzustellen...

Tunwort **Namenwort** Wiewort

3. Vielleicht hilft dir eine Regel?

Alle Wörter, die einen Begleiter haben, sind Namenwörter und wir schreiben sie groß.

4. Manchmal nützt es auch, die Regel 10 x zu schreiben und sie dabei laut zu sprechen.

„Namenwörter schreiben wir groß."
„Namenwörter schreiben wir groß."
„Namenwörter schreiben wir groß."
„Namenwörter schreiben wir groß."
„Namenwörter schreiben wir groß."
„Namenwörter schreiben wir groß."
„Namenwörter schreiben wir groß."
„Namenwörter schreiben wir groß."
„Namenwörter schreiben wir groß."
„Namenwörter schreiben wir groß."

5. Versuche ein Lied daraus zu machen.

Namenwörter schreiben wir groß.

5.2.4 Richtig schreiben

1./2. Klasse: Übungen mit dem Wortmaterial

Die Grundschule hat die Aufgabe allen Kindern grundlegendes Lernen im Rechtschreibunterricht zu ermöglichen. Dabei muss sowohl dem Worttraining sowie dem Einblick in die Gesetzmäßigkeit der Schriftsprache gleichermaßen Bedeutung zukommen. Wenn die Schüler befähigt werden sollen, selbstständig und selbstkontrolliert zu üben, sollte auch die Auswahl des zu übenden Wortmaterials in variabler, motivierender Weise angeboten werden:

- Die Kinder finden zu einem angebotenen Bild oder einer Tafelzeichnung das entsprechende Wortmaterial.
- Sie entwerfen zu vorgegebenen Wörtern einen eigenen Text (auch in Form eines Rätsels, eines Witzes oder eines Unsinntextes).
- Sie finden in Bildvignettentexten die entsprechenden Wörter.
- Das Wortmaterial wird durch Rätsel selektiert.

Die Übungen zur Sicherung des Wortmaterials müssen möglichst allen Lerntypen gerecht werden, nach dem Motto „Jedem das Seine".

Beispiel einer Übungseinheit in der 1. Klasse: **Thema: ich**
Lernwörter: **ich, bin, groß, klein, Auge, Nase, Ohr, Arm, Finger, Bein**

Vorarbeit:
In Kunsterziehung malen sich die Schüler selbst auf ein DIN-A4-Papier. Dieses Selbstbildnis ist Ausgangspunkt zur Gewinnung des Wortmaterials.
In der Rechtschreibstunde benennen die Kinder die Körperteile, zeigen sie an sich selbst und ordnen die Wortkarten dem gezeichneten Kind an der Tafel entsprechend zu. Nach mehrmaligem Lesen der Wörter ordnen die Kinder kleine Wortkärtchen, die sie in einem Kuvert erhalten, ihrem selbst gemalten Bild zu.

Übungen mit dem Wortmaterial für die verschiedenen Lerntypen

Überwiegend visuell:

- **leere Wortrahmen:** Schüler legen das passende Wort dazu

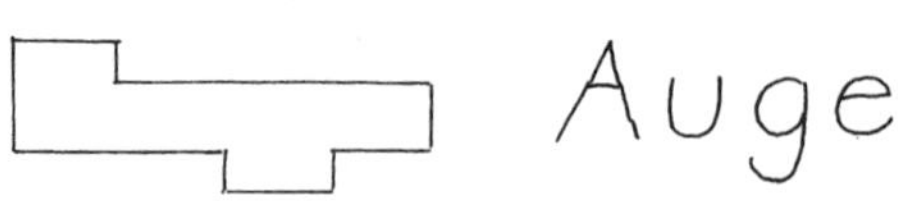

• **Bild-Wort-Zuordnung**

• **Wort-Bild Domino**

• **Lotto**

Auf eine Platte, die die Grundwörter enthält, werden die passenden Bilder gelegt oder umgekehrt.

• **Paare finden**

• **Lückenwörter** in Form eines Kreuzworträtsels

• **Auf- und Abbau** von Wörtern, z. B. mit Hilfe eines Leseschiebers

- **Wörter in verschiedenen Schriftarten** lesen bzw. in den Computer eingeben

Nase Ohr Auge Bein ARM Finger groß klein

- **Blitzlesen**

Ein Wort wird kurz am Tageslichtprojektor oder als Wortkarte gezeigt. Die Kinder notieren das Wort. Anschließend wird kontrolliert.

- **Dosendiktat**

In einer Dose (Kaffee, Bonbon ...) finden die Kinder die zu den Grundwörtern passenen Sätze. Sie nehmen sich einen Satz heraus, gehen damit auf ihren Platz, prägen sich diesen ein und schreiben ihn auswendig auf. Anschließend kontrollieren sie mit dem Satzstreifen und legen diesen in die Dose zurück.

- **Eierdiktat**

In den Behältern der Überraschungseier finden die Kinder die Grundwörter auf Wortkärtchen. Sie lesen das Wort, notieren es und vergleichen hinterher.

Überwiegend auditiv:

- **Partnerdiktat**

Die Kinder diktieren sich gegenseitig die Wörter.

- **Tonbanddiktat**

Auf einer Kassette sind die einzelnen Wörter deutlich vorgesprochen. Nach jedem Wort ist eine längere Pause, sodass die Kinder in dieser Zeit die Wörter aufschreiben können. Kontrolle erfolgt über das Arbeitsblatt.

- **Silben klopfen**

Die Partner klopfen sich gegenseitig die Silben eines Wortes auf dem Tisch vor. Welches Wort kann es sein? Schreibe es auf und kontrolliere.

Überwiegend haptisch/handlungsorientiert:

- **Stecken im Lesekasten**

Die einzelnen Buchstaben werden zu einem Grundwort zusammengefügt.

- **Drucken mit Buchstabenstempeln**

- **Sandwörter**

Die Kinder schreiben mit dem Finger die Grundwörter in den Sand.

- **Schüttelwörter**

Holzbuchstaben im Säckchen schütteln und richtig zu einem Wort zusammenfügen.

- **Laufdiktat**

Die Grundwörter werden in kurze Sätze eingebunden und auf ein Plakat geschrieben, das sichtbar im Klassenzimmer hängt. Die Kinder gehen zum Plakat, prägen sich einen Satz ein, gehen zurück an ihren Platz und schreiben ihn auf den Block. Wenn alle Sätze auf diese Weise notiert sind, vergleichen die Kinder ihr Geschriebenes mit dem Plakat.

Beispiele:	Ich habe Ohren und Augen.	Ich bin ich.
	Ich habe eine Nase.	Ich bin groß.
	Ich habe Arme und Beine.	Ich bin klein.

Zur rechtschriftlichen Kontrolle der Lernwörter erhalten die Kinder dasselbe Arbeitsblatt mit Leerzeilen. In ihrem eigenen Tempo beschriften die Kinder die Zeichnung. Das Diktat des Lehrers ist nicht notwendig.

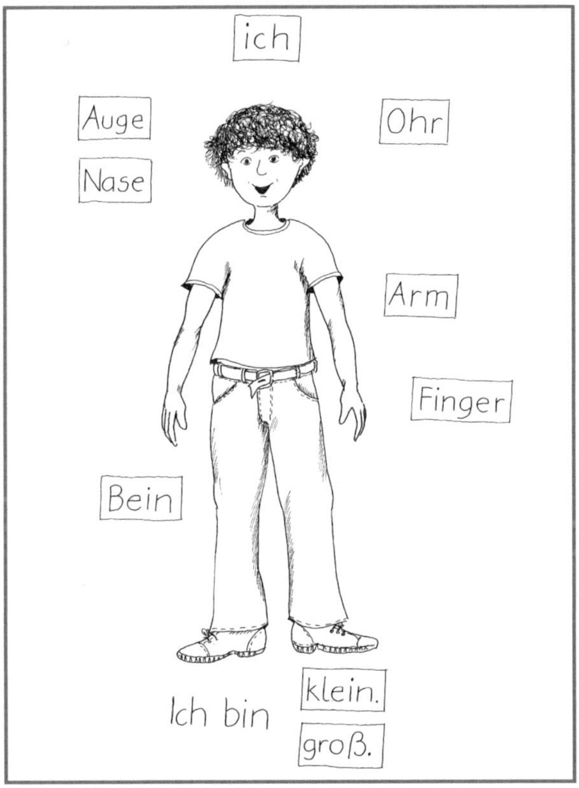

- **Würfelspiel**

(z. B. Auge als Symbol, als Wort. Kommen die Kindere auf ein Symbol, dürfen sie zum passenden Wort hüpfen.)

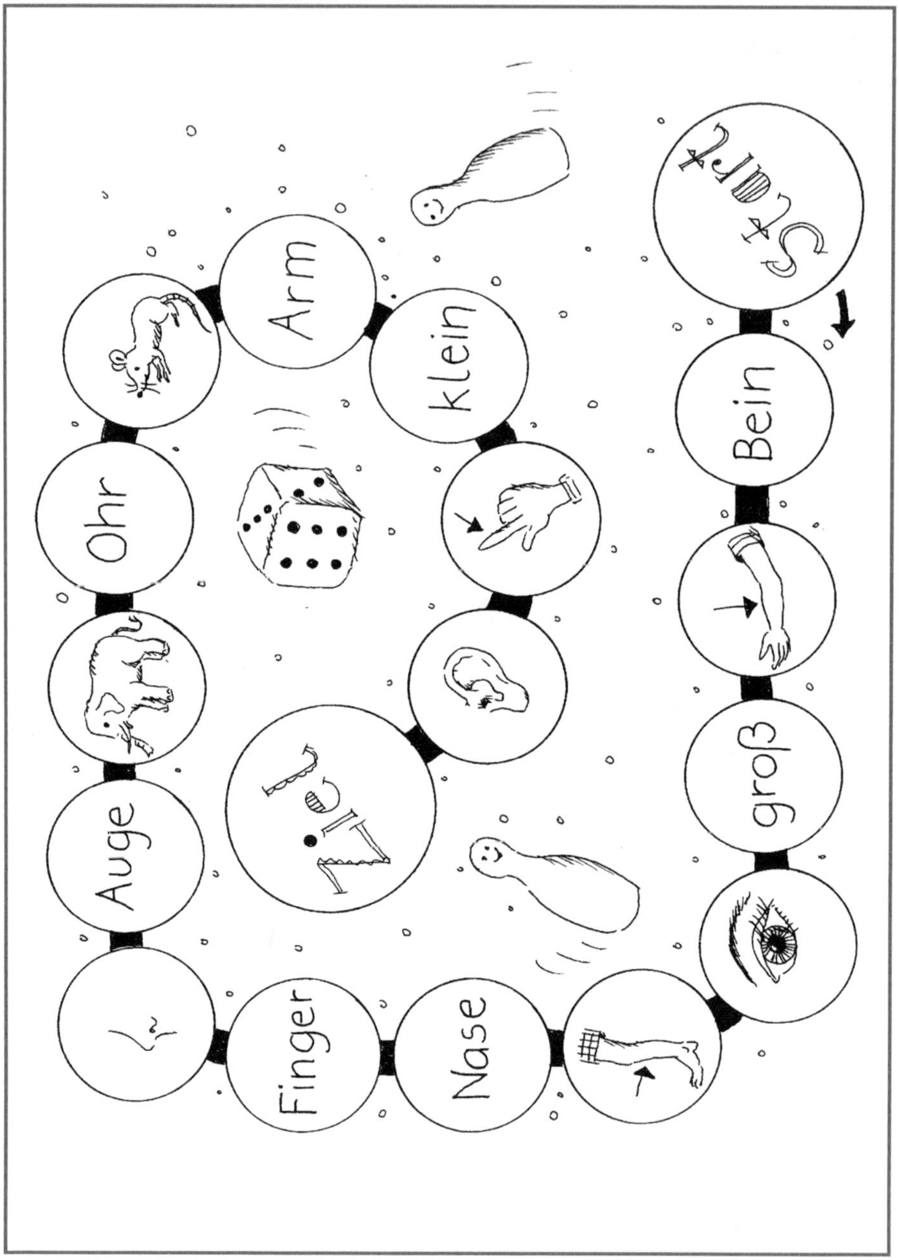

Selbstständiges Berichtigen von Rechtschreibfehlern

Schon in der 1. Klasse soll das Kind lernen, Fehler in der Rechtschreibung selbstständig zu berichtigen. Dazu bedarf es einer gezielten Anleitung, die dem Kind verschiedene Möglichkeiten an die Hand gibt, selbstständig und individuell die richtige Schreibweise zu finden.

Anhand dieses Plakats, das sichtbar im Klassenzimmer hängt, werden die unterschiedlichen Vorgehensweisen mit den Kindern erarbeitet. So kann sich z. B. ein sicherer Rechtschreiber die Wörterkiste oder -mappe zu Hilfe nehmen, während der schwächere die einfacheren Möglichkeiten nutzt.
Bereits bei der Korrektur muss der Lehrer differenziert vorgehen, da nicht jedes Kind zu einer eigenständigen Fehlerberichtigung fähig ist.

Differenzierte Korrektur

Möglichkeiten einer differenzierten Korrektur für den sicheren Rechtschreiber bis hin zum schwachen:

- Am Ende der Rechtschreibübung wird lediglich die Fehlerzahl genannt.
- Ein Strich am Rand der Zeile zeigt an, dass sich in dieser Zeile ein Fehler befindet.
- Das falsche Wort wird überklebt.
- Das fehlerhafte Wort wird unterstrichen.
- Die Fehlerstelle wird im Wort markiert.
- Der richtige Buchstabe wird eingefügt bzw. der falsche weggestrichen.
- Das falsche Wort wird durchgestrichen oder überklebt, das richtige darüber geschrieben bzw. eingefügt.

Damit die Kinder selbstständig berichtigen können, müssen sie mit den Korrekturzeichen vertraut sein.

Generell ist es wenig sinnvoll, die Kinder ein Wort mehrmals schreiben zu lassen, ohne Hilfen zur zukünftigen Fehlervermeidung zu geben. Rechtschreibunterricht soll auf Verstehen abzielen. So kann z. B. eine Regel sein: „Erst denken, dann schreiben!“

- Woher kommt das Wort? Hand – Hände
- Kenne ich einen Merksatz? Nach dem Punkt schreibe ich groß.
- Gehört das Wort zu einer Wortfamilie? (reden – anreden – Gerede)

Persönliche Lernkärtchen, die dem Kind auf den Tisch geklebt oder ins Mäppchen gelegt werden, sind eine weitere Möglichkeit der individuellen Korrektur:

Andreas, hör ganz genau hin und sprich die Wörter beim Schreiben leise mit.	Judith, hör genau auf Dehnungen und Doppelungen.	Tobias, achte auf die Groß- und Kleinschreibung.

Erlernen der Nachschlagetechnik

Für den Rechtschreibunterricht bedeutet die Forderung des modernen Grundschulunterrichts „das Lernen lernen“ dem Kind Techniken zu vermitteln, die es ihm ermöglichen, sich selbstständig Wissen anzueignen. Die Technik des Nachschlagens in einem Wörterbuch wird bereits in der zweiten Klasse angebahnt, indem die Kinder in den Gebrauch des Wörterbuchs eingeführt werden. Im vierten Schuljahr sollen die Kinder fähig sein, sicher mit dem Wörterbuch umzugehen. Um dieses Ziel zu erreichen, muss das Üben der Nachschlagetechnik Unterrichtsprinzip sein, das auch in anderen Fächern Anwendung findet. Dazu sollte ein für die jeweilige Altersstufe der Kinder geeignetes Wörterbuch zur Verfügung stehen bzw. mit den Kindern selbst erstellt werden. Die Beherrschung der ABC-Reihe ist Voraussetzung um Wörter aufzufinden. Die Anfangs- und Folgebuchstaben der Wörter müssen von den Schülern alphabetisch geordnet werden können.

Einprägen der ABC-Reihe

Rhythmisches Sprechen von ABC-Versen

A B C D E die Ente schwimmt im See.
F G H I J sie taucht ins Wasser flott.
K L M N O das macht sie richtig froh.
P Qu R S T sie trifft 'ne Wasserfee.
U V W und X verlieben sich gar fix.
Y und Z das ist doch wirklich nett.

- **Puzzle**

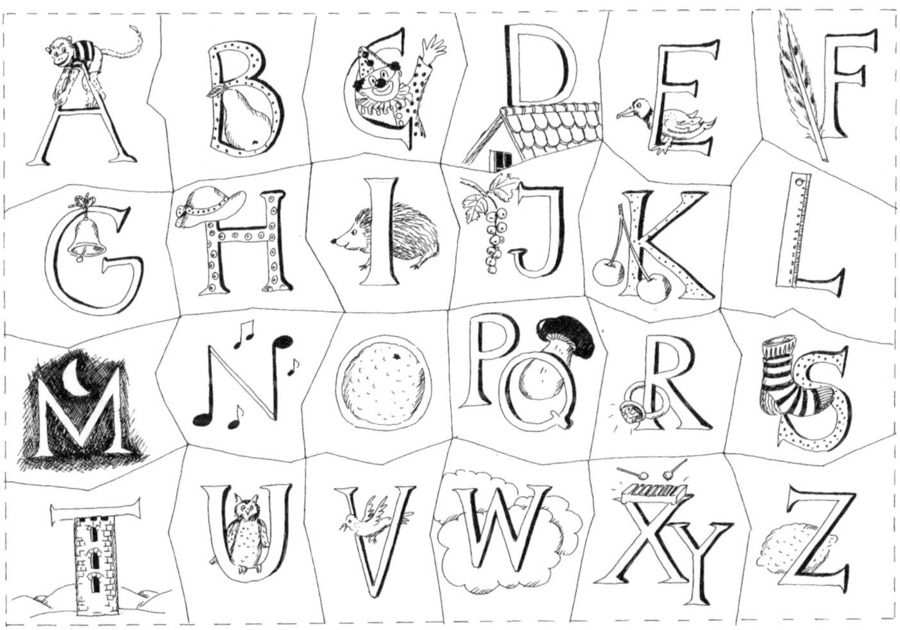

- **ABC-Lieder**

- **Punktebilder**

Durch Verbinden der Buchstaben des ABC in der richtigen Reihenfolge entstehen Bilder.

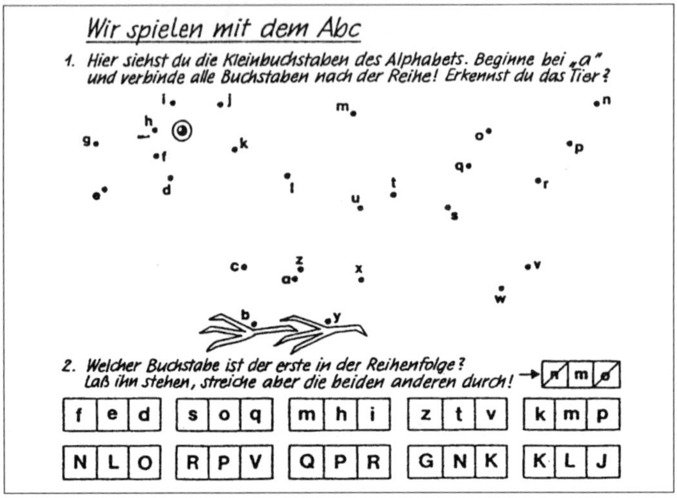

Aus: Grundschulmagazin 11/96, Oldenbourg Schulbuchverlag GmbH, München 1996

- **Ergänzen fehlender Buchstaben in der ABC-Folge**

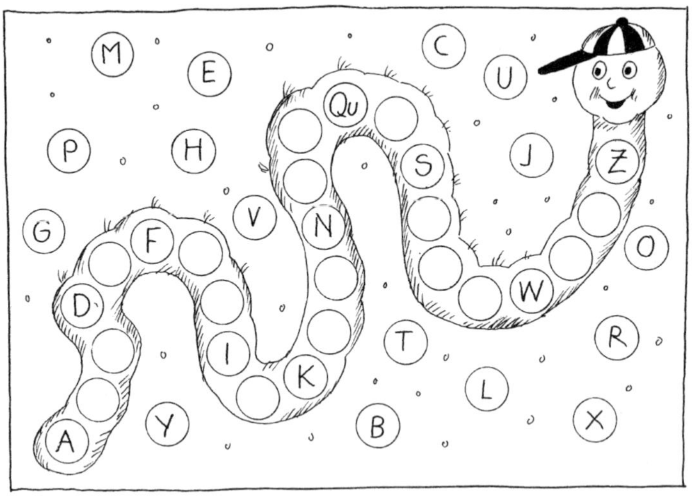

- **Benennen von Vorgänger und Nachfolger**

☐ ← b → ☐ ☐ ← t → ☐ ☐ ← m → ☐

- **Berichtigen von fehlerhaften ABC-Reihen**
- **Geheimschrift**

A	B	C	D	E	F	G	H	I	J	K	L	M	N	O	P
1	2	3	4	5	6	7	8	9	10	11	12	13	14	15	16
Qu	R	S	T	U	V	W	X	Y	Z				Ä	Ö	Ü
17	18	19	20	21	22	23	24	25	26				27	28	29
a	b	c	d	e	f	g	h	i	j	k	l	m	n	o	p
30	31	32	33	34	35	36	37	38	39	40	41	42	43	44	45
qu	r	s	t	u	v	w	x	y	z	ß			ä	ö	ü
46	47	48	49	50	51	52	53	54	55	56			57	58	59

22	38	34	41		7	41	59	32	40
V	i	e	l		G	l	ü	c	k

- **Ordnen gefühlter Buchstaben nach dem ABC**
- **ABC-Karten in der richtigen Reihenfolge auf eine Leine hängen**
- **ABC-Gedichte**
- **Ordnen von Wörtern nach dem ABC**
  Kindernamen
  Tiere
  Gemüse – Obst
  Lieblingswörter
  Ordnen von Gegenständen und Bildern nach dem ABC
  Spiele z. B. Domino
  Wörter einordnen
- **Wörter im Wörterbuch/auf der Wörterliste suchen**
  Das erste Wort mit einem bestimmten Buchstaben
  Auffinden vorgegebener Wörter
  Tricks
    Grundform bei Tunwörtern
    Einzahl bei Namenwörtern
    Trennen zusammengesetzter Namenwörter

So arbeite ich mit dem Grundwortschatz.

Das kann ich allein:

- Ich ordne die Lernwörter nach dem ABC.
- Ich spreche die Lernwörter nach Silben getrennt. Dazu klatsche ich.
- Ich ordne die Lernwörter nach ihrer Länge.
- Ich schreibe die Lernwörter in Geheimschrift.
- Ich lege mir eine Wörterkartei an.

Dazu brauche ich einen Partner:

- Wir schreiben uns die Lernwörter gegenseitig auf den Rücken und erraten sie.
- Wir diktieren uns gegenseitig die Lernwörter auf den Block und kontrollieren sofort.
- Ich schreibe meinem Partner die Lernwörter in Geheimschrift auf. Er muss sie erraten.

Tipps zum richtigen Schreiben

Beim Geschichten schreiben

1. Schreibe deine Geschichte auf.
2. Überprüfe die Wörter, bei denen du unsicher bist.
   Das kann dir helfen:
   Sprich das Wort deutlich und höre es ab.
   Zerlege das Wort in Silben und klatsche dazu.
   Überlege, ob es eine Regel gibt:
   - Verlängere das Wort! (Mehrzahl: **Hund, Hun - de)**
   - Von welchem Wort stammt es ab? **(Blatt – Blätter)**
   - Ist es ein Namenwort, ein Tunwort oder ein Wiewort?
   - Hast du am Ende eines Satzes ein Satzzeichen gesetzt? **(. ? !)**

   Schlage das Wort im Wörterbuch nach.

Beim Abschreiben

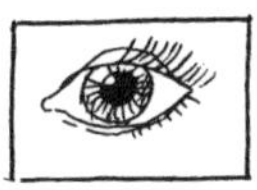

1. Schau dir das Wort genau an.

2. Sprich das Wort deutlich und höre es ab.

3. Decke das Wort ab.

4. Stell dir das Wort vor.

5. Schreibe das Wort auswendig auf.

6. Überprüfe jeden Buchstaben.

Beispiel für einen Stationenbetrieb oder eine Lerntheke für die 2., 3., 4. Klasse

Im Stationenbetrieb und an der Lerntheke können die Kinder ihr Lernen selbst steuern. Das Lernen mit allen Sinnen wird ermöglicht. Dabei sind Differenzierung und Individualisierung notwendige Maßnahmen, um effektives und lernwirksames Arbeiten zu ermöglichen.

Richtig schreiben – **Station 1**	**Richtig schreiben** – **Station 2**
Baue 3 Lernwörter auf und wieder ab. (z. B. U, Uh, Uhr Uhr, Uh, U)	Schreibe alle Lernwörter in Geheimschrift auf. (z. B. Uhr: | | ı)
Richtig schreiben – **Station 3**	**Richtig schreiben** – **Station 4**
Ordne die Lernwörter der Länge nach. Beginne mit dem kürzesten Wort.	Lies immer ein Lernwort auf einem Kärtchen. Merke es dir gut. Lege es in die Dose und schreibe es auswendig auf. Wenn du alle Lernwörter geschrieben hast, hole sie aus der Dose und kontrolliere.
Richtig schreiben – **Station 5**	**Richtig schreiben** – **Station 6**
Schreibe alle Lernwörter ab und spure schwierige Stellen grün nach.	Diktiere deinem Partner ein Lernwort. Sage sofort „stopp!“, wenn er einen Fehler macht. Vergleiche sofort.
Richtig schreiben – **Station 7**	**Richtig schreiben** – **Station 8**
Schreibe deinem Partner ein Lernwort auf den Rücken. Hat er es erraten?	Bilde mit jedem Lernwort einen neuen Satz.

Richtig schreiben — Station 9	**Richtig schreiben — Station 10**
Trenne alle Lernwörter, die du trennen kannst.	Suche alle Tunwörter heraus und schreibe sie in der Grundform und in der ich-Form auf. (z. B. klopfen – ich klopfe)
Richtig schreiben — Station 11	**Richtig schreiben — Station 12**
Buchstabiere deinem Nachbarn 4 Lernwörter. Dein Nachbar passt genau auf.	**Laufdiktat:** Im Klassenzimmer sind Wörter und Sätze versteckt. Suche sie und präge sie dir gut ein. Gehe zurück auf deinen Platz und schreibe sie fehlerfrei auf. Kontrolliere anschließend.
Richtig schreiben — Station 13	**Richtig schreiben — Station 14**
Schreibe 5 beliebige Tunwörter in der Gegenwart und der 1. Vergangenheit auf. (z. B. ich laufe – ich lief, ich suche – ich suchte)	Suche zu drei Lernwörtern Reimwörter. (z. B. Stein – Bein)
Richtig schreiben — Station 15	**Richtig schreiben — Station 16**
Wettbewerb: Bilde **einen** Satz, in dem möglichst viele Lernwörter vorkommen. Wer schreibt den Satz mit den meisten Lernwörtern?	Tippe alle Lernwörter in den Computer und kontrolliere anschließend.

visuell:	auditiv:	handelnd:	abstrakt-verbal:

Fehlerkorrektur in der 3./4. Klasse

Die in den ersten und zweiten Klassen eingeführten Techniken der Wortschatzerarbeitung, wie sie in dem Unterrichtsbeispiel „Thema: ich“ aufgeführt wurden, werden in den dritten und vierten Klassen fortgesetzt. Die zu übenden Texte werden komplizierter, der Wortschatz wesentlich umfangreicher, der Steilheitsgrad also größer. In den Vordergrund rückt mehr und mehr die Vermittlung der Fähigkeit einer sukzessiven, eigenverantwortlichen Fehleranalyse.
Die Schüler erhalten ein Fehlerkorrekturblatt mit den wichtigsten Regeln.
Dabei sollten möglichst viele Sinneskanäle berücksichtigt werden.

	Tipps zum richtigen Schreiben
	1. Erkläre deinem Partner, woran du Namenwörter (Tunwörter, Wiewörter) erkennst.
	2. Setze das Tunwort in verschiedene Personalformen, z. B. ich gehe, du gehst, er geht …
	3. Dies ist ein Nachdenkwort. • Ableitung: z. B. häufig → Haufen • Wort verlängern: z. B. Wald → Wälder
	4. Das ist ein Merkwort. Schreibe es deinem Partner auf den Rücken.
	5. Sprich das Wort nach Silben getrennt und klatsche dazu.
	6. Höre das Wort auf der Kassette ab und achte auf den Selbstlaut/Umlaut. • kurzer Selbstlaut: mm pp tt … tz ck • langer Selbstlaut: ie ß h Schlage im Wörterbuch nach und schreibe drei weitere Wörter auf.
	7. Baue das Wort auf (im Setzkasten, mit Stempeln oder im Computer).
	8. Lerne auswendig: Nach l n r das merke ja, kommt nie tz und nie ck.
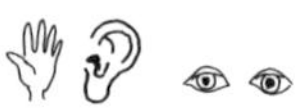	9. sp/st werden schp/scht gesprochen. Suche aus der Wörterliste drei neue Beispiele und schreibe sie auf.

Das Fehlerkorrekturblatt enthält die Korrekturvorschläge für die am häufigsten auftretenden Fehler. Das hat den Vorteil, dass der Schüler sinnvoll an und mit der Stelle arbeitet, wo der Fehler aufgetreten ist. Eine seinem Fehlerprofil entsprechende sinnvolle Fehlerkorrektur entsteht, und dies nach und nach selbstständig.

Ein sensibler Umgang dessen, was von dem jeweiligen Schüler erwartet bzw. was ihm zugemutet werden sollte, ist Voraussetzung für das jeweils individuelle Erfolgserlebnis, das in diesen Zusammenhängen sichergestellt sein muss. Jeder Schüler sollte das Gefühl haben können, dass er etwas geleistet hat, das heißt, dass er seinen persönlichen Fortschritt erkennt.

Für rechtschreibschwache Schüler bedeutet es oft eine Zumutung, den ganzen Text mitzuschreiben. Es stellt sich auch die Frage, ob dies sinnvoll ist. Hier bieten sich Lückentexte an.

An einem Beispiel, in dem bewusst Fehler eingefügt wurden, um zu verdeutlichen, was gemeint ist, soll die quantitative wie qualitative Differenzierung im Umgang mit Fehlerkorrekturen eines Diktates aufgezeigt werden.

> Ein neuer Schüler
>
> Peter muß umziehen, denn sein Vater arbeitet in einem Möbelgeschäft draussen vor der Stadt. Noch brumen Krähne und Baumaschienen, aber bald wird der neue Ortsteil fertig sein. Das Gesetz zum Denkmalschutz verhinderte den Verfall alter Gebäude. ...

Lückentext

Differenzierung für rechtschreibschwache Schüler:
Im nun folgenden Lückentext beziehen sich die Lücken auf die bereits geübten Lernwörter.

> **Ein neuer Schüler**
>
> Peter muss umziehen, denn sein Vater arbeitet in einem ______________ ______________ vor der Stadt. Noch ______________ ______________ und Baumaschinen, aber bald wird der neue Ortsteil fertig sein. Das ______________ zum Denkmalschutz ______________ den Verfall alter ______________. ...

Die Kinder füllen während des Diktates nur die Lücken aus.

Überkleben der Fehler

Bei einigen, vor allem rechtschreibschwachen Kindern ist es problematisch, wenn sie sich wiederholt mit ihren fehlerhaften Wörtern auseinandersetzen. Oft wird dadurch gerade das erreicht, was eigentlich durch eine sinnvolle Fehlerkorrektur vermieden werden soll: Das Einprägen fehlerhafter Wortstrukturen. Bei sehr schwachen Kindern können die fehlerhaften Wörter überklebt und mit roter Farbe rechtschriftlich korrekt in die durch das Überkleben entstandene Lücke eingefügt werden.
Bei schwächeren Kindern ist es sinnvoll, nicht alle Fehler, sondern nur eine Auswahl der für ihn typischen Fehler korrigieren zu lassen. Diese Schüler müssen mit dem Misserfolg fertig werden und sollen die oft hohe Fehlerzahl rechtschriftlich sinnvoll berichtigen. Es bietet sich z. B. an, mit dem Kind „ss“ und „ß“ Regeln und die Großschreibung von Namenwörtern zu wiederholen. Bei sensiblem Umgang kann den Kindern nach und nach mehr zugemutet werden. Das „Wann, wie viel?“ bleibt dem Feingefühl des Lehrers überlassen.

Korrekturvarianten

Die Kinder arbeiten mit dem Arbeitsblatt „Regeln zum richtigen Schreiben“. Dabei kann die Schwierigkeitsstufe nach und nach gesteigert werden.

> Ein neuer Schüler
>
> Peter <u>muß</u>⑥ umziehen, denn sein Vater arbeitet in einem Möbelgeschäft <u>draussen</u>④ vor der Stadt. Noch <u>brumen</u>⑥ <u>Krähne</u>④ und <u>Baumaschienen</u>⑦, aber bald wird der neue Ortsteil fertig sein. Das Gesetz zum Denkmalschutz verhinderte den Verfall alter Gebäude. ...

Etwas schwieriger wird die Korrektur, wenn die zu bearbeitenden Fehler nur noch am Rand gekennzeichnet werden.

> Ein neuer Schüler
>
> Peter muß umziehen, denn sein Vater arbeitet in einem | 6
> Möbelgeschäft draussen vor der Stadt. Noch brumen | 4/6
> Krähne und Baumaschienen, aber bald wird der neue | 4/7
> Ortsteil fertig sein. Das Gesetz zum Denkmalschutz
> verhinderte den Verfall alter Gebäude. ...

Der Fehler muss selbstständig analysiert werden. In Zeile vier stehen die zu korrigierenden Fehler in der richtigen Reihenfolge. Über das Korrekturblatt und die durch die Ziffer gekennzeichnete Regel weiß das Kind, dass es sich bei der Ziffer 6 um das Problem der Mitlautverdoppelung handelt und kann somit Rückschlüsse ziehen.

Leistungsstarke Kinder können ihre Fehler selbst suchen und danach die richtige Regel der Korrekturanleitung finden. Während der Korrektur liegen allen Kindern der fehlerfreie Ausgangstext und die Regeln zur Rechtschreibung vor. Es bleibt dem Lehrer überlassen, für welche Korrekturform er sich entscheidet. Ziel sollte sein, jedem Kind die seinem Entwicklungsstand entsprechende Korrekturmöglichkeit zu bieten und ihm die sukzessive Anhebung des Schwierigkeitsgrades im Umgang mit seiner Fehlerkorrektur zu ermöglichen und damit das Bewusstsein für die Rechtschrift zu sensibilisieren.

Beispiel für die oben erwähnte teilweise Fehlerkorrektur für schwache Kinder, die unter Aufsicht des Lehrers ausgeführt werden sollte.

> Ein neuer Schüler
>
> Peter muss ⑥ umziehen ④ denn sein Vater arbeitet in einem ⑥ Möbelgeschäft draußen vor der Stadt. Noch brummen ④ Kräne und Baumaschinen ⑦, aber bald wird der neue Ortsteil fertig sein. Das Gesetz zum Denkmalschutz verhinderte den Verfall alter Gebäude. …

5.2.5 Lesen

Gedichte – 1./2. Klasse

Kinder lieben Gedichte. Der Reim und Rhythmus, der vielen Gedichten zugrunde liegt, regt zum spielerisch-kreativen Umgang mit Sprache an. Deswegen bereiten Abzählverse und Fingerspiele, die die Kinder aus der Vorschulzeit kennen, keine Probleme. Im täglichen Spiel finden sie wiederholte Anwendung und prägen sich auf diese Weise dauerhaft ein. In der Schule jedoch bereitet das Auswendiglernen von Gedichten manchen Kindern erhebliche Schwierigkeiten. Grund dafür kann zum einen die Auswahl des Gedichts und/oder dessen Präsentation sein, zum anderen aber auch geringe Merkfähigkeit und Konzentrationsschwäche der Kinder sowie die Nicht-Beachtung der unterschiedlichen Lerntypen.

Um den Kindern die Freude am Lernen von Gedichten zu bewahren, wird der Lehrer das Gedicht

- lebendig vortragen
- lerntypengemäß präsentieren
- Hilfen zum Verständnis geben
- verwendete sprachliche Mittel klären.

Beim Lernen von Gedichten müssen alle Sinne angesprochen werden.

Überwiegend visuell

- **Bilder, Farben, Gegenstände, Bildpartituren**

Beim ersten Vortrag eines Gedichts entwickelt das Kind entsprechend eines Kopfkinos innere Bilder bzw. Farben, von denen es erzählt und die es passend zur Gedichtzeile zeichnet. Als Alternative können vorgegebene **Bilder, Farben** oder **Gegenstände** den jeweiligen Zeilen zugeordnet werden. Als weitere Merkhilfe eignen sich auch **Bildpartituren.** Hier entwerfen die Kinder zu den einzelnen Strophen stützende Bilder. Nach mehrmaligem Sprechen des Gedichts wird der Text abgedeckt und das Gedicht nur noch anhand der Bilder bzw. Gegenstände vorgetragen.

• **Bildpartitur**

März

Es kommt eine Zeit
da nimmts ein böses Ende
mit dem Schneemann

Er verliert seinen schwarzen Hut
er verliert seine rote Nase
und der Besen fällt ihm
aus der Hand
Kleiner wird er von Tag zu Tag

Neben ihm wächst ein Grün
und noch ein Grün
und noch ein Grün

Die Sonne treibt Vögel vor sich her
Die wünschen dem Schneemann
eine gute Reise

Elisabeth Borchers

Aus: Und oben schwimmt die Sonne davon. Ellermann Verlag. München 1965

Überwiegend handelnd

- **Bewegung**

Geeignete Bewegungen, die die Kinder zu den einzelnen Gedichtzeilen erfinden, stellen besonders für jüngere Kinder eine gute Merkhilfe dar.

Apfelgedicht	**Bewegung**
Ach, wär ich doch ein Apfel,	Hände auf der Brust kreuzen
dann hing ich hoch am Ast	Auf Zehenspitzen Arme in die Höhe strecken
und gaukelte und schaukelte	Körper hin- und herwiegen
wie's mir gerade passt.	
Und käm' die kleine Anna,	Am Platz gehen
dann macht' ich einen Hops	Sprung in die Luft
und fiel der kleinen Anna	
genau auf ihren Kopf.	Hände auf den Kopf legen

(abgewandelt nach James Krüss, die Hirtenflöte, München o. J.)

- **Szenische Darstellung**

Der Gedichtinhalt kann pantomimisch oder spielerisch mit eigenen Worten wiedergegeben werden. Anschließend wird das Gedicht vorgetragen, während die Kinder gleichzeitig den Inhalt szenisch darstellen.

Hausspruch

In meinem Haus
da wohne ich,
da schlafe ich,
da esse ich.
Und wenn du willst,
dann öffne ich
die Tür
und lass dich ein.

In meinem Haus
da lache ich,
da weine ich,
da träume ich.
Und wenn ich will,
dann schließe ich
die Tür
und bin allein.

Gina Ruck-Pauquèt

Aus: Die bunte Kinderschaukel. Hrsg. von Inge Lustig und Ruth Ruzicka. Annette Betz Verlag. München 1976 © by Gina Ruck-Pauquèt

- **Unterrichtsspiel**

Nach vorbereitenden Übungen zur Raumerfahrung, Kontaktherstellung, zum Darstellen von Gefühlen wird das Gedicht inhaltlich und begrifflich geklärt und anschließend im Unterrichtsspiel verarbeitet.

Überwiegend auditiv

- **Geräusche und Töne**

Mit Gegenständen und Instrumenten können Gedichte verklanglicht werden, was für manche Kinder eine große Erleichterung beim Auswendiglernen von Gedichten darstellt.

Pst!	Stimme, Finger auf den Mund
Leiser noch als leise	Plastiktüten reiben
zieht die Nacht herauf.	dazu leises Glissando auf dem Glockenspiel
Träume gehen auf die Reise,	Triangel
Weltraumschiffe drehen sich im Kreise,	Reis in der Handtrommel kreisförmig bewegen
und der Mond nimmt seinen Lauf,	Glissando auf Metallophon
leiser noch als leise.	Plastiktüten reiben

Aus: Hans Stempel und Martin Ribkens, Purzelbaum. Versbuch. Ellermann Verlag, München 1972 © bei den Autoren

- **Melodien**

Gesungene Werbespots aus Rundfunk und Fernsehen prägen sich sehr rasch ein und werden ohne Weiteres mitgesungen („Auf diese Steine können Sie bauen, LBS"). Das bedeutet, dass Texte, die mit Melodien unterlegt werden, schneller im Gedächtnis haften. So stellen Melodien, die auch von Kindern selbst erfunden werden, eine wertvolle Stütze beim Erlernen von Gedichten dar.

Von Schülern erfundene Melodie

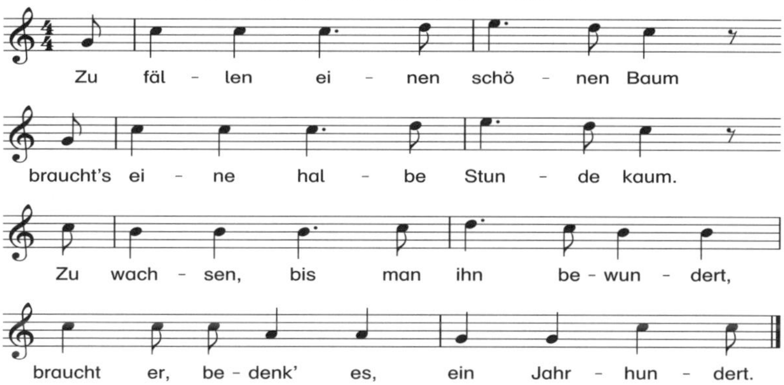

Zu fällen einen schönen Baum
braucht's eine halbe Stunde kaum.
Zu wachsen, bis man ihn bewundert,
braucht er, bedenk' es, ein Jahrhundert.
Eugen Roth

Tipps zum Lernen von Gedichten

Ich spreche mir Zeile für Zeile laut vor.

Ich male eine passende Bildfolge zum Gedicht.

Ich decke nacheinander erst ein Wort und dann immer mehr Wörter von hinten ab.

Ich spreche das Gedicht auf Kassettenrekorder und höre es immer wieder ab.

Die Möglichkeiten Gedichte zu lernen sind vielfältig und vom jeweiligen Lerntyp abhängig. Die Tipps für die Hand der Schülerinnen und Schüler sollten sich auf einige Wesentliche beschränken und jedem Lerntyp gerecht werden.

Gedichte 3./4. Klasse

In den ersten beiden Klassen werden Reim und Rhythmus vorwiegend spielerisch vermittelt. Inhaltliche Auseinandersetzung mit dem Text, guter Ausdruck und rhythmische Gestaltung, auch durch Musik, spielen eine wichtige Rolle.

Zu Beginn der dritten Klasse werden Regeln, unter anderem bezüglich der Umgangsformen während der Pause, festgelegt. Anhand des Gedichtes von James Krüss, das hierfür als Sprechanlass besonders geeignet ist, wird Vertrautes im Zusammenhang mit dem Umgang von Gedichten wiederholt.

Der Sperling und die Schulhof-Kinder

Ein Sperling, der von ungefähr
Zu einem Schulhof kam,
Erstaunte über das, was er
Auf diesem Hof vernahm.

Ein Mädchen sprach zu Meiers Franz:
„Du alter Esel du!"
Da sprach der Franz: „Du dumme Gans
bist eine blöde Kuh!"

Der Walter sprach zum dicken Klaus:
„Mach Platz, du fetter Ochs!"
Da rief der Klaus: „Du fade Laus,
Pass auf, dass ich nicht box!"

Zum Peter sprach Beate nun:
„Du Affe, geh hier weg!"
Da rief der Peter: „Dummes Huhn,
Ich weiche nicht vom Fleck!"

Der Sperling meint, er hör nicht recht.
Es tönte allenthalb:
„Du Schaf! Du Floh! Du blöder Hecht!
Du Hund! Du Schwein! Du Kalb!"

Der kleine Sperling staunte sehr.
Er sprach: „Es schien mir so,
Als ob ich auf dem Schulhof wär;
Doch bin ich wohl im Zoo!"

James Krüss

Welche Tricks helfen, sich das Gedicht schnell und gut einzuprägen?

- Ich lese das ganze Gedicht und stelle mir dazu ein Bild vor.
- Ich kennzeichne die Reimwörter.
- Ich zeichne zu jeder Strophe ein passendes Bild und schreibe die Reimwörter dazu.
- Ich lerne die erste Strophe zuerst mit Hilfe der Bilder.
- Ich lerne die erste Strophe nur noch mit Hilfe der Bilder und Reimwörter. Die Bilder mit den Reimwörtern hänge ich in der richtigen Reihenfolge im Zimmer auf. Ich gehe von einem Bild zum nächsten und spreche mir eine Strophe vor.
- Ich sage mir die erste Strophe nur noch anhand der Bilder vor.
- Ich spreche die erste Strophe auf Kassette.
- Dann lerne ich die nächsten Strophen auf die selbe Weise.
- Ich trage das Gedicht meinem Partner/meinen Eltern vor.

Auch muss den Kindern verdeutlicht werden, dass Reime nicht das allein entscheidende Kriterium für ein Gedicht sind.
Das Gedicht ist ein sprachliches Kunstwerk in Versen, Reimen oder in besonderem Rhythmus. Ein Beispiel für ein Gedicht ohne Reime:

Kleine Frage

Glaubst du
du bis noch
zu klein
um große
Fragen zu stellen?

Dann kriegen
die Großen
dich klein
noch bevor du
groß genug bist.

Erich Fried

Aus: Erich Fried, Lebensschatten. Gedichte. © 1981, NA 1996, 2001. Verlag Klaus Wagenbach, Berlin

Dies ist ein Gedicht, das den Kindern vorgestellt und von ihnen sofort als Gedicht akzeptiert wird, obwohl es sich nicht reimt. Vermutlich, weil zwei Strophen deutlich erkennbar sind bzw. der formale Rahmen dem eines Gedichtes entspricht. Nach den Gründen befragt, zeigen sie sich zunächst ratlos. Das Gespräch wird dahingehend gelenkt, dass Gedichte nicht zwingend

Reime aufweisen müssen, sondern eine sprachliche Kunstform sind. Das Wortspiel mit „groß“ und „klein“ macht den Reiz dieses Gedichtes aus.

Eigene Gedichte verfassen

Otto Krümel, unser Klassenhund, ist jedermanns Freund. Er hilft den Schwachen beim Rechnen, den Schüchternen unterstützt er beim Sprechen und gelegentlich macht er auch mancherlei Unsinn. Jeden Morgen wird er in den Morgenkreis gerufen und begrüßt die Kinder. Todunglücklich reagiert er, wird er einmal vergessen und nicht in den Morgenkreis gebeten. Otto Krümel kann nur mit einem selbstverfassten Gedicht wieder besänftigt werden. Dies kann als Anlass genommen werden, die Kinder zum Selberdichten zu motivieren. Zunächst werden die Endreime vorgegeben, danach nur noch der äußere, vertraute formale Rahmen.

Vorgabe der Endreime nach einer Idee von Michael Ende[1]

Name: Maike Datum:

Ein Gedicht zum Selbermachen
nach einer Idee von Michael Ende

Unser Otto Krümel
Überschrift

	Otto Krümel ist ein Hund
Otto Krümel isst gern	Wurst
dann ist er zwar nicht	bunt
doch hat dann immer	Durst
Otto Krümel	kleiner Wicht
hast schon	recht
bekommst du kein	Gedicht
gehts dir	schlecht
Otto Krümel treuer	Freund
willst	ins Körbchen gehn
weil du gern von Würstchen	träumst
sag auf –	wiedersehn

Maike B.
Autor

Die Reime kannst du dir beim Dichten
In andre Reihenfolge richten
Doch hast du bessere im Sinn
Streich die hier aus, schreib deine hin

[1]) Michael Ende, Das Schnurpsenbuch. Tienemann Verlag, Stuttgart 1979 S. 100

Vorgabe des formalen Rahmens für drei Strophen

Name: Corinna Datum:

Ein Gedicht zum Selbermachen

Otto und Sabinchen
Überschrift

Der Otto ist unser Spielkamerad,
der ist schon immer da,
dem gefällt das grad!

Sabinchen hat nicht immer viel Mut,
aber wahrscheinlich gefällts ihr hier trotzdem
ganz gut.
Sie ist noch nicht sehr lange hier,

hat sich aber gleich angefreundet mit dem
Otto-Tier.
Jetzt leben sie schon als Mann und Frau,
obs Kinder gibt, weiß niemand genau.

Corinna
Autor

Freie Gedichte

Feriengedicht

Es ist Sommer und auch heiß,
von Ottos Stirn rinnt schon der Schweiß.
Er fährt nach Ungarn an einen See,
am Abend trinkt er gerne Tee.
Auch in eine Hündin hat er sich verliebt,
als sie am Strand hat Sand gesiebt.

Ein Feriengedicht für Otto Krümel

Jetzt beginnt die schönste Zeit im Jahr
es sind Sommerferien – wunderbar.
Ich freue mich schon sehr,
denn nun geht's ab zum Meer.
Hoffentlich scheint die Sonne heiß,
denn ich mag so gerne Schokoladeneis.
Die Ferien werden sicher schnell vorübergehen,
doch ich freue mich schon auf's Wiedersehen.

Dein Martin Schmitt

Es ist wieder Ostern

Es ist wieder Ostern,
und die Sonne lacht mich an,
heute ist ein Tag,
an dem ich alles machen kann,
und die Osterhäschen springen,
und die Osterküken singen.

Kinder hüpfen,
Eier schlüpfen.
Plötzlich gab es keine Eier mehr,
die Hasen wunderten sich sehr:
„Wo können sie denn nur sein?
Wo sind sie nur,
das ist gemein!"

Der Hase Wuschel hat es gefunden
und nur ihm ist das gelungen!

Dgeni

Dgeni kam vor 5 Jahren aus Russland zu uns und sprach kein Wort Deutsch.

Ein sehr persönliches Beispiel einer Schülerin, die ihre Emotionen und die für sie wichtige Beziehung zu ihren Kuscheltieren auszudrücken versteht.

Meine Kuscheltiere

Meine Kuscheltiere liebe ich so sehr!
Das ist Suri, die rote Maus
Da ist Süßi, der braune Bär.
Der eine Hund heißt Bello
Der andere heißt Pluto.

Wenn Mama und Papa böse sind,
dann schimpfe ich über sie.
Pipsi, Bärli und Dudi hören mir dann zu.
Camille hat einen gelben Schnabel,
er versteht sich gut mit Hoppel,
Wenn alles schief geht,
schimpfe ich mit ihnen.
Trotzdem liebe ich sie sehr.

Michèle

Sinnentnehmendes Lesen

Um allen Kindern zu ermöglichen, den Inhalt eines Textes selbstständig zu erschließen, müssen ihnen Strategien an die Hand gegeben werden. Diese Strategien bieten den Kindern einen Leitfaden, mit dem sie einen Text verstehen können. Damit die Kinder Sicherheit erlangen, müssen sie diese Strategien im Unterricht wiederholt anwenden.

	1. Text still und konzentriert lesen.
	2. Inhalt selbst formulieren.
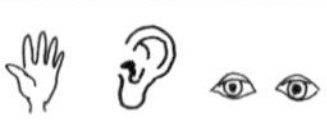	3. Unverstandene Stellen klären, z. B. durch Nachschlagen im Lexikon, fragen und sich erklären lassen.
	4. Wichtige Stellen im Text farbig markieren.
	5. Text in Abschnitte gliedern und Teilüberschriften formulieren.
	6. Zeichnung oder Skizze zu den einzelnen Abschnitten anfertigen.
	7. Wichtige Stellen nochmals leise lesen.
	8. Inhalt abschnittsweise auf Kassette sprechen.
	9. Kassette abhören und danach vom Partner abhören lassen.
	10. Evtl. Inhalt szenisch darstellen.
	11. Evtl. praktisches Tun.

Weitere Hilfen zum Verständnis von Texten innerhalb des Unterrichts

Einfühlungsbereich schaffen durch

- Anknüpfung an andere Fachbereiche, z. B. SU
- Vorwissen, Vorerfahrungen und Fragen der Kinder einbringen
- Cluster erstellen
- Originale Begegnungen, z. B. durch Gegenstände, Beobachtungen
- Medien, z. B. Film, Dias...

Vorentlastung von Texten

Je nach Situation der Klasse, nach Umfang und Schwierigkeitsgrad des Textes sollte zum besseren Verstehen der Inhalt vorbereitet werden. Wichtig ist dies vor allem für schwächere bzw. Kinder mit anderer Muttersprache. Es gibt ihnen ein Gefühl der Sicherheit. Ein Scheitern der Sinnentnahme kann vermieden werden.

Vorbereitung auf den Text

- Blitzlesen von Wörtern
- Sachzusammenhang klären
- Sinntragende unbekannte Wörter klären, z. B.
  - Kinder erklären sich gegenseitig Begriffe/Textstellen
  - Begriffe aus dem Kontext heraus erschließen
  - Wörter im Wörterbuch nachschlagen
  - Wörter durch Gegenstände, Bilder oder Gestiken verdeutlichen

Vorentlastung in der Arbeit am Text

- Text strukturieren durch Abschnitte oder Zwischenüberschriften
- Wichtige Stellen im Text hervorheben durch Unterstreichen, Fett- oder Kursivdruck
- Text mit entsprechendem Bildmaterial/Bildvignetten anbieten
- Text auf DIN A3 mit Anmerkungen am Textrand anbieten
- Lehrervortrag bis zu einer ausgewählten Stelle im Text z. B. durch Erzählen mit verstärktem Einsatz von Gestik und Mimik bzw. unter Zuhilfenahme realer Gegenstände

Arbeit am Text: Eine Erdhöhle für eine junge Königin

Im Rahmen des Sachunterrichts zum Thema „Lebewesen im Boden" wird die Erdhummel behandelt. Ist auf dem Schulgrundstück ein Trockenbiotop vorhanden, in dem sogar Hummeln beobachtet werden können, gehen die Kinder schon mit genügend Vorwissen und -erfahrungen sowie großer Motivation an den Text heran, noch dazu, wenn es das Ziel ist, ein „Schloss" für die Hummelkönigin zu bauen. Am Trockenbiotop werden bereits wesentliche Begriffe und Sachzusammenhänge geklärt.

Ziel folgenden Beispiels ist die sinnentnehmende Auseinandersetzung mit dem Text unter Berücksichtigung des Lernens mit möglichst vielen Sinnen. Anhand der Fragen zum Text wird die Dreigliederung deutlich. In thementeiliger Gruppenarbeit werden die Arbeitsaufträge erfüllt.

1. *Was erfährst du über die Hummel? Unterstreiche nur die wichtigsten Stellen blau. Überlege dir eine passende Überschrift für diesen Abschnitt.*
2. *Was benötigst du, um eine Erdhöhle für die Jungkönigin zu bauen? Unterstreiche nur die wichtigsten Stellen grün. Überlege dir eine passende Überschrift für diesen Abschnitt.*
3. *Wie baust du diese Höhle? Unterstreiche nur die wichtigsten Stellen rot. Überlege dir eine passende Überschrift für diesen Abschnitt. Fertige eine Skizze an.*

Textbegegnung

Zunächst lesen alle Schüler den Text leise durch. Die schwächeren Schüler lesen gemeinsam mit dem Lehrer. Reale Gegenstände für den zweiten Abschnitt veranschaulichen den Inhalt und begünstigen ein besseres Verständnis. Eine erste Aussprache knüpft daran an.

Texterarbeitung

Danach werden die Schüler in drei Gruppen aufgeteilt und bearbeiten je einen Abschnitt.
In Gruppenarbeit werden die Signalstellen des jeweiligen Textabschnitts unterstrichen, Überschriften gefunden und eine Skizze angefertigt (Abschnitt 2). Die Ergebnisse werden anschließend gemeinsam im Klassenverband ausgewertet und wo nötig korrigiert.

Die Gruppen bekommen nun Zeit, ihren Textabschnitt für den mündlichen Vortrag vorzubereiten. Ohne Zuhilfenahme des Textes soll der Inhalt wiedergegeben werden. ***Die Schülerbeiträge werden mit einem Kassettenrekorder aufgenommen und von den Kindern bewertet.***

Eine Erdhöhle für eine junge Königin

(Text mit Anmerkungen)

Überschrift ______	
Du hast am **Trockenbiotop** vor dem Schulhaus bestimmt schon eine Menge Hummeln gesehen! Im Vergleich zu Bienen und Wespen sind diese viel dicker und schwerer. Die Flügel haben im Verhältnis zu dem schweren Körper eine sehr kurze Länge. Aus diesem Grund fliegt der kleine Brummer etwas **schwerfällig** von Blüte zu Blüte. Die Hummeln haben einen längeren Rüssel als die Bienen, sind viel schwerer und können deshalb mehr **transportieren.** Für die Bestäubung sind sie unbedingt nötig! Nur die befruchteten Jungköniginnen der Hummeln überwintern. Sie suchen zum Beispiel leere Mäusegänge, um ihren neuen **Staat** zu gründen. Die Wohnhöhle einer Hummel muss trocken sein, d. h. das Regenwasser muss ablaufen können.	**Raum für Tiere und Pflanzen** **langsam, mühsam** **tragen** **Volk**
Überschrift ______	
Versuchen wir doch eine Wohnhöhle für eine Jungkönigin zu bauen. Wir benötigen einen mittelgroßen Tonblumentopf, einen Blumentopfuntersetzer ebenfalls aus Ton. Der Untersetzer sollte so groß sein, dass der Blumentopf umgedreht genügend Platz in ihm hat. Außerdem benötigen wir drei möglichst gleich große Steine. Wenn du die Steine in den Blumentopfuntersetzer legst, sollten sie 4 cm **herausragen.**	**hervorschauen**
Überschrift ______	
Grabe nun eine Loch, das doppelt so tief ist wie der Blumentopf und so breit, dass, wenn du den Blumentopf in das Loch stellst, rings um den Blumentopf 20 cm frei bleiben. Fülle das Loch bis zur Hälfte mit **Kies.** Setze den Blumentopf umgekehrt auf den Kies und fülle den freien Raum um den Blumentopf ebenfalls mit Kies auf. Der Blumentopfboden sollte einige cm aus dem Boden ragen. Das Loch des Blumentopfbodens muss gut sichtbar bleiben. Es ist nämlich die Eingangstür für unsere Hummelkönigin. Lege die drei Steine um die „Haustür" und **stülpe** den Untersetzer darüber. Nun hat die Jungkönigin ein Dach über ihrer Haustür und das Schloss bleibt trocken. Wenn wir Glück haben, findet eine Jungkönigin Gefallen an diesem neuen Schloss.	**kleine Steinchen** **darüber legen**

nach Jürgen Forkel Boden, Verlag an der Ruhr, Mühlheim an der Ruhr 1988

Beispiel für Skizzen zum zweiten Abschnitt:

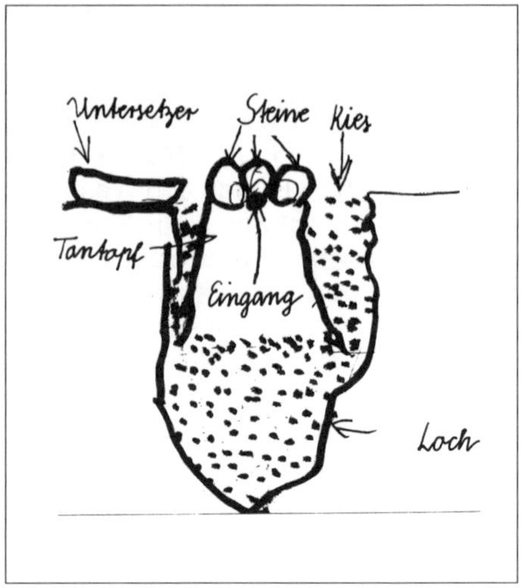

Auswertung

Die Kinder stellen nun den mit eigenen Worten formulierten Text auf Kassette vor. Anschließend erhält die Gruppe Rückmeldung über die anderen Kinder. Unverstandenes wird nachgefragt.

Sicherung

Gemeinsam besprechen sie, welche Materialien für die Erdhöhle verwendet werden. Folgendes Arbeitsblatt sichert: (siehe S. 149)

Ebenso wird in Stichpunkten eine Bauanleitung in Form eines Arbeitsblattes erstellt: (siehe S. 150)

Umsetzung

Nun kann endlich mit dem Bau der Erdhöhle für die Jungkönigin begonnen werden.

Name: Datum:

Eine Erdhöhle für eine Königin

1. Wir benötigen:

Blumentopf	Blumentopf-untersetzer	3 Steine	Kies

2. Wie hoch und wie breit ist dein Blumentopf?

3. Wie hoch und wie breit ist dein Blumentopfuntersetzer?

4. Wie hoch sind die drei Steine? Zeichne sie ein.

Name: Amelie Datum:

Eine Erdhöhle für eine Königin

1.

Zuerst graben wir ein Loch. (doppelt so tief wie die Höhe des Blumentopfes = 24 cm Ø 53 cm)

2.

Danach füllen wir die Hälfte des Loches mit Kies auf.

3.

Nun setzen wir den Blumentopf umgekehrt auf den Kies (Topfboden = 2 cm über Boden)

4.

Wir füllen das restliche Loch mit Kies auf.

5.

Auf die drei Steine, die wir um den Topfboden legen, stülpen wir den Untersetzer.

5.3 Mathematik

„Ich höre und vergesse.
Ich sehe und behalte.
Ich tue und verstehe“

(Chinesisches Sprichwort)

Rechnen lernen muss ganzheitlich erfahren werden und alle Sinne einbeziehen, damit wir den verschiedenen Lerntypen gerecht werden. Wenn Kinder in die Schule kommen, bringen sie bereits vielfältige Erfahrungen in rechnerischen Teilbereichen mit. Das Zählen im Zahlenraum bis 20 sowie das Lösen einfacher Plus- und Minusaufgaben im Zahlenraum bis 10 wird stolz präsentiert. Die Freude an Zahlen, die Kinder mitbringen, gilt es aufrecht zu erhalten. Deshalb ist es wichtig, dass sie ihre Vorerfahrungen einbringen dürfen, an denen der Lehrer anknüpfen kann und diese systematisch erweitert. Dabei kommen dem entdeckenden, forschenden und handelnden Lernen besondere Bedeutung zu. In der Ausprobierphase bei mathematischen Problemen sollen die Kinder eigene Lösungsstrategien entwickeln und erklären. Somit werden Kreativität, Interesse und Lust am Rechnen gefördert und die Angst vor umfangreicheren Aufgabenstellungen entfällt. Der Lehrer übernimmt die Funktion des Beraters. Die selbstständige Auseinandersetzung des Kindes mit einem mathematischen Sachverhalt gibt dem Lehrer wertvolle Hinweise auf die Art möglicher Schwierigkeiten. Unterschiedliche Lösungswege werden zugelassen, Fehler sind erlaubt. Sie geben dem Lehrer Einblick in die Denkstruktur des Kindes und auf seine Stufe innerhalb eines Lernprozesses. Diese Kenntnis ermöglicht es ihm, für das Kind entsprechende Maßnahmen zu ergreifen und ein individuelles Differenzierungsangebot zu planen, um jeden gleichermaßen zu fördern. Auch über das Miteinander- und Voneinanderlernen lernt man Mathematik. Kindern gelingt es oft erfolgreicher, ihren Mitschülern Sachverhalte und mathematische Prozesse einsichtig zu machen als dem Lehrer, da Denkschemata bisweilen ähnlich ablaufen. Dabei kommt dem Verbalisieren eine tragende Rolle zu. Erlerntes wird mit eigenen Worten wiedergegeben, so zeigt sich, inwieweit das Kind Neues mit bereits Bekanntem in Beziehung setzen kann.

5.3.1 Zahlsicherung

Übung von Menge und Zahl 6 – 1. Klasse

Lernen an Stationen

Vorstellen der einzelnen Stationen

Die einzelnen Stationen werden kurz vorgestellt und entstandene Fragen beantwortet. An der Stationenkarte malen die Kinder die Kreise bunt aus oder kreuzen an, wenn die Aufgabe erledigt ist. So hat jedes Kind sowie der Lehrer am Ende eine Kontrolle, wie viele und welche Aufgaben geschafft wurden.

Die Arbeitsanweisung auf den Stationenblättern ist für Kinder gedacht, die zu diesem Zeitpunkt bereits lesen können.

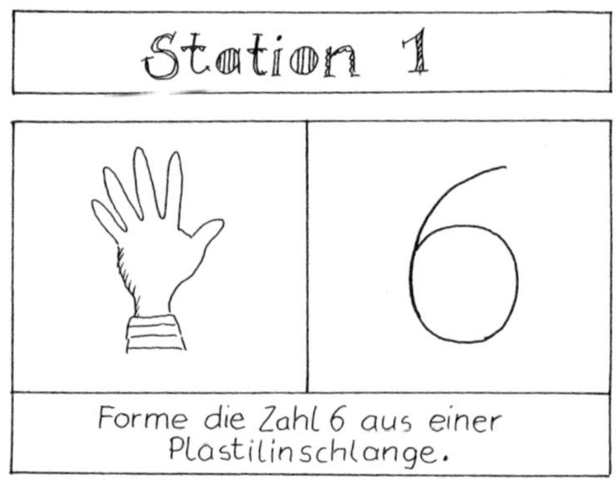

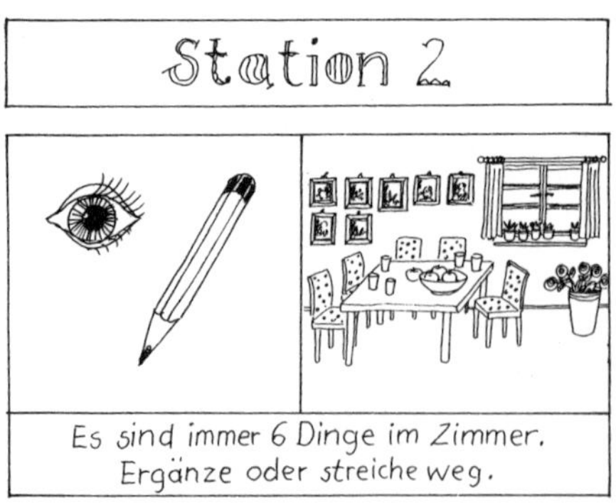

Station 3

Spure die richtigen Ziffern 6 nach.

Station 4

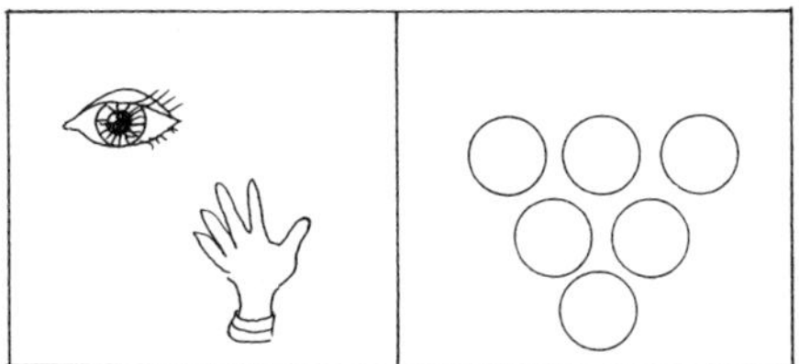

Lege Figuren aus roten und blauen Plättchen.
Es müssen immer 6 Plättchen sein.

Station 5

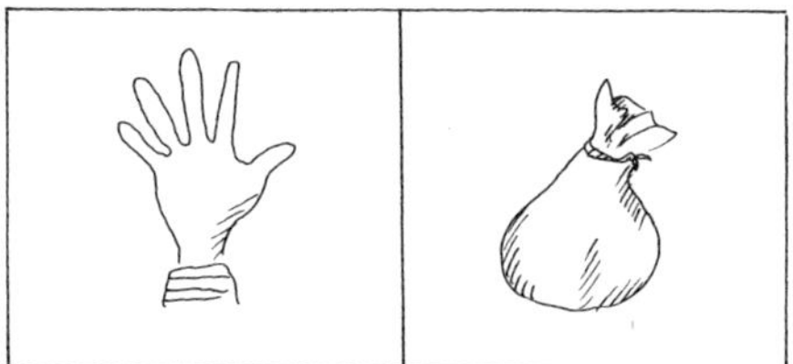

Fühle, ob in jedem Säckchen 6 Dinge sind.

Station 6

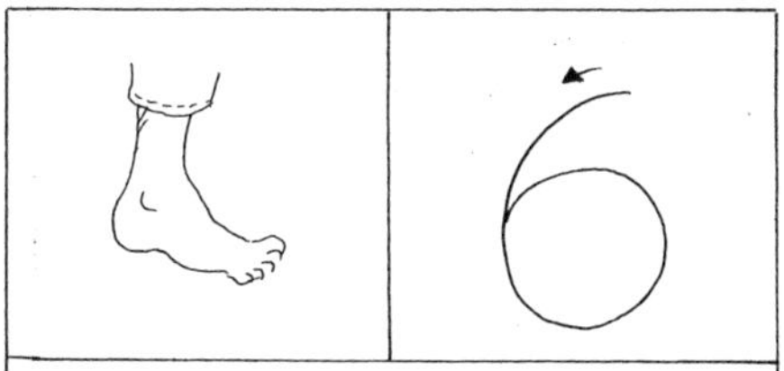

Gehe die Ziffer 6 nach.

Station 7

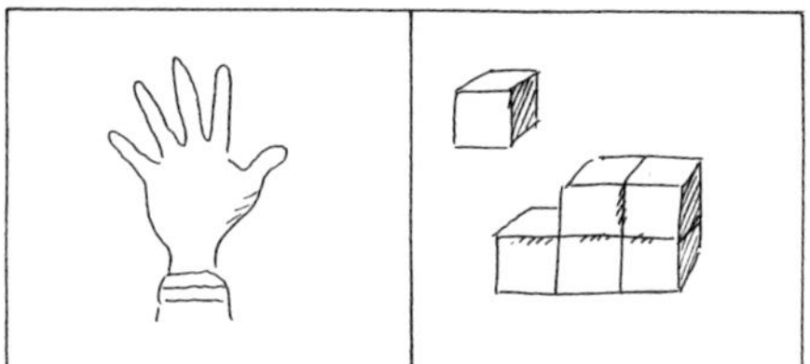

Baue mit 6 Steckwürfeln.

Station 8

Kommst du auf ein Feld mit 6 Dingen, darfst du noch einmal würfeln.

beginnt. Kommst du auf ein Feld mit 6 Dingen,
darfst du noch einmal würfeln.
Ziel

5.3.2 Einmaleins

2. Klasse

Lerntheke

Große Teile des Mathematikunterrichts sind Übungsphasen. Um diese Zeit optimal zu nutzen, muss das Training

mit einer Entspannungsphase beginnen
Aufgaben unterschiedlicher Schwierigkeitsgrade bieten
hohen Aufforderungscharakter haben
und auch möglichst alle Lerntypen ansprechen.

Ebenso, wie sich die einzelnen Lerntypen selten streng voneinander trennen lassen, sprechen auch die Übungsformen oft mehrere Lerntypen an.

Einmaleins mit 8

Aufgaben für die verschiedenen Lerntypen:

Visueller Lerntyp

- Achterzahlen am Zahlenstrahl markieren
- Achterzahlen am Hunderterfeld markieren
- Angebotene Zahlen auf Achterzahlen überprüfen
- Zu Einmaleinsfeldern Malaufgaben finden
- Versteckte Zahlen in Bildern ausmalen
- Computerprogramme
- Puzzle
- Zahlenschlangen
- Stöpselkarten

Auditiver Typ

- Achterzahlen vorsprechen
- Achterzahlen hören
- Gehörte Zahlen auf Achterzahlen überprüfen
- Aufgaben auf Cassetten

6 · 8 =	54 ○	46 ○	48 ○
3 · 8 =	42 ○	28 ○	24 ○
9 · 8 =	72 ○	27 ○	56 ○
8 · 8 =	46 ○	64 ○	68 ○
5 · 8 =	50 ○	40 ○	30 ○
7 · 8 =	64 ○	65 ○	56 ○
2 · 8 =	18 ○	24 ○	16 ○
4 · 8 =	32 ○	23 ○	24 ○

Auditiver/visueller Typ

- Rechensaurier

  Klappkarte zur Partnerarbeit

  An der Faltlinie wird die Klappkarte geknickt und zwischen zwei Schülern aufgestellt. Ein Kind nennt die Einmaleinsaufgabe und löst sie. Der Partner kontrolliert auf der Rückseite.

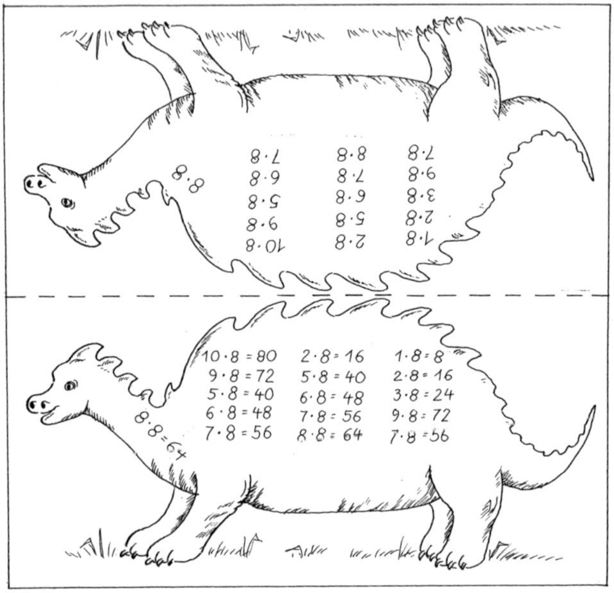

- Klammerkarten

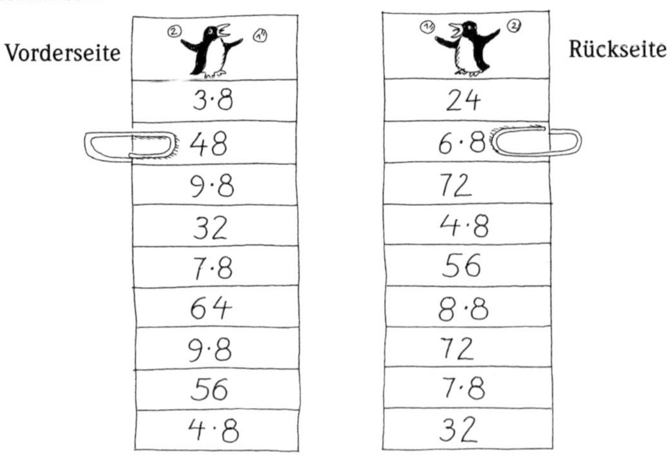

Die Paare lösen abwechselnd die Aufgaben und bestätigen die Lösung oder berichtigen. Danach schiebt ein Kind die Klammer eine Aufgabe weiter.

- Würfelspiel
  Sternchenklau

Aufgabenkarten

Vorderseite Rückseite

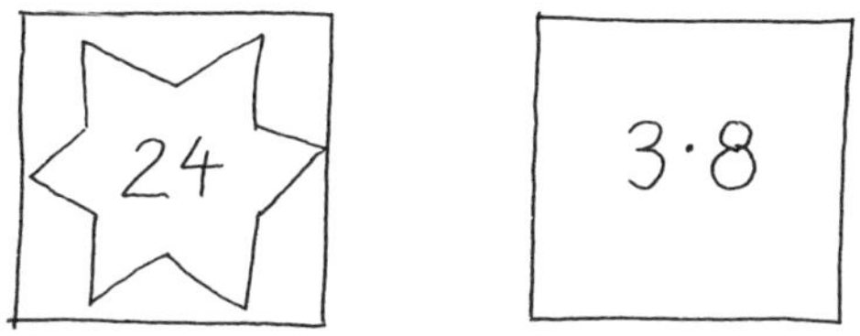

Bubu-Lernspiele. Bubu-Verlag, 84030 Ergolding

Die Kinder würfeln abwechselnd und hüpfen auf dem Sternenweg weiter. Es darf vor- und rückwärts gehüpft werden. Kommt ein Spieler auf einen großen Stern, nimmt er ein Aufgabenkärtchen. Löst er die Rechnung richtig, –Mitspieler überprüfen das Ergebnis auf der Rückseite – kann er es behalten, sonst muss er es zurücklegen. Wer auf einen Riesenstern trifft, darf ein Kärtchen von einem Mitspieler „klauen". Sieger ist, wer am Ende des Spiels die meisten Kärtchen hat.

Haptischer/handlungsorientierter Lerntyp

Achterzahlen mit dem Körper erfahren

- Achterketten legen
  Ein Kind legt Achterketten, die bei der Einführung der Einmaleinsreihe aufgefädelt wurden. Der Partner fühlt mit geschlossenen Augen, wie viele Ketten es sind und löst die Aufgabe.

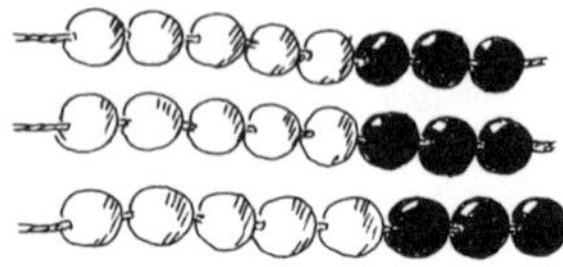

- Achterzahlen hüpfen
  Auf dem Boden im Klassenzimmer oder auf dem Pausenhof wird mit Kreppband oder Kreide ein Feld mit 9 Kästchen aufgezeichnet bzw. geklebt. Die Achterzahlen müssen in der richtigen Reihenfolge gehüpft werden.
  Variante:
  In einem Sechzehnerfeld stehen verschiedene Zahlen. Der Schüler darf nur Achterzahlen hüpfen. Auf jedem Achterzahlenfeld nennt er die dazu passende Aufgabe.

- Rhythmisches Klatschen der Einmaleinsreihe mit 8
  Alle Kinder sprechen die Zahlen von 1 bis 80 und klatschen dazu. Bei jeder Achterzahl wird betont geklatscht.
  Variante:
  Die Kinder zählen laut von 1 bis 80. Bei jeder Achterzahl wird geklatscht.
- Schlangen-Gehen
  Die Kinder gehen hintereinander in einer Schlange und zählen von 1 bis 80. Bei jeder Achterzahl wird eine vereinbarte Bewegung ausgeführt (z. B. in die Hocke gehen, sich drehen, hüpfen ...).
- Piep-Spiel
  Die Kinder stehen im Kreis und zählen von 1 bis 80. An Stelle der Achterzahl sagt das Kind, das an der Reihe ist, Piep.
  Variante:
  Bei einer Vierzahl sagt das Kind Piep, bei einer Achterzahl Piep piep.

Personenorientierter Lerntyp

- Aufgaben mit dem Partner
- Aufgaben mit der Gruppe

Medienorientierter Lerntyp
- Little Professor
- Computerprogramme

Einsicht-/sinnanstrebender Lerntyp
- Nachbaraufgaben
- Tauschaufgaben
- Halbieren und Verdoppeln
- Unpassende Zahlen streichen
- Aufgaben mit Lösungswort

A	C	E	G	H	I	L	R	S	T
24	72	40	80	64	8	56	48	32	16

$3 \cdot 8 =$	□	Ⓐ	$6 \cdot 8 =$	□	○
$7 \cdot 8 =$	□	○	$1 \cdot 8 =$	□	○
$6 \cdot 10 - 4 =$	□	○	$9 \cdot 8 =$	□	○
$5 \cdot 8 =$	□	○	$8 \cdot 8 =$	□	○
$4 \cdot 8 =$	□	○	$2 \cdot 8 =$	□	○
			$14 - 6 =$	□	○
			$10 \cdot 8 =$	□	○

5.3.3 Geometrie

Stationenlauf – 4. Klasse

Wie in den ersten beiden Schuljahren ermöglicht das themenbezogene Lernen in Form eines Stationenlaufes auch in der dritten und vierten Klasse eine optimale quantitative wie qualitative Differenzierung. Die Schüler können sowohl den Schwierigkeitsgrad als auch den Umfang der gestellten Aufgaben selbst wählen. In folgendem Stationenlauf gehen die Anforderungen gelegentlich über die verbindlichen Aufgabenstellungen der Lehrpläne hinaus und tangieren mathematische Lerninhalte höherer Klassenstufen. In gleichem Maße wie den schwächeren Kindern die Möglichkeit gegeben wird sich zunächst enaktiv, danach auf der ikonischen und symbolischen Ebene mit der Materie auseinander zu setzen, sollen den leistungsstarken Kindern anspruchsvollere und komplexere Aufgabenstellungen angeboten werden.

Die Themen des folgenden Stationenlaufes umfassen die wesentlichen Bereiche des Geometrieunterrichtes der Grundschule. Ausgehend von verschiedenen Linien werden auch Aufgaben der Bereiche Grundformen, Symmetrie, geometrische Körper bzw. Raum- und Lagevorstellungen bearbeitet.
Für den folgenden Stationenlauf ist es sinnvoll, den Kindern eine Woche Zeit zu geben. Im Rahmen des Mathematikunterrichts und der Freiarbeitsstunden sollen alle die Gelegenheit haben, mindestens eine Aufgabe pro Station zu erledigen. Wer fertig ist, oder meint, er habe die Mindestpflicht von einer Aufgabe pro Station erfüllt, kann sich seinem Wochenplan oder anderen Lernmaterialien zuwenden. Erfahrungsgemäß versuchen sich auch die sonst leistungsschwächeren Kinder an den schwierigeren Aufgaben. Dabei bewährt sich das Helfersystem. Schnelle, leistungsstarke Kinder helfen denen, die mit den schwierigen Aufgaben Probleme haben.

Für jede Station wird eine Infotafel mit den grundlegenden Daten, die zur Bearbeitung der Station notwendig sind, erstellt.

Bei der selbstständigen Auseinandersetzung mit den Aufgaben eines Stationenlaufs müssen die Kinder wissen:

- wie sie aus einem Text Informationen entnehmen können
- wo, wie und bei wem sie bei Problemen nachschauen/nachfragen können
- nach welchen Gesichtspunkten sie Aufgaben auswählen
- wie sie die Zeit einteilen
- dass sie in den Tätigkeiten abwechseln
- wie sie Arbeitsergebnisse selbstständig kontrollieren
- wie sie mit Material und Werkzeug richtig umgehen müssen
- wie sie mit einem Partner/einer Gruppe sinnvoll zusammenarbeiten
- wie sie Ordnung am Arbeitsplatz herstellen und halten können.

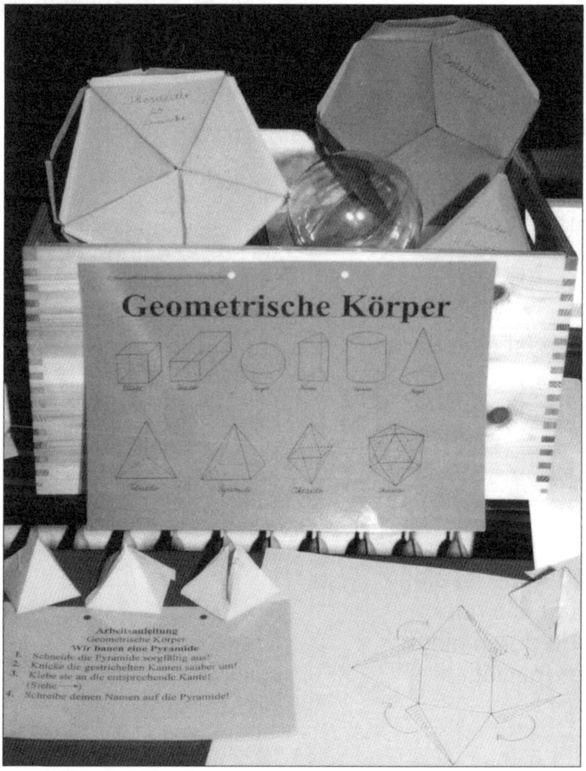

Geometrische Körper
Arbeitsanleitung
Geometrische Körper
Wir bauen eine Pyramide
1. Schneide die Pyramide sorgfältig aus!
2. Knicke die gestrichelten Kanten sauber um!
3. Klebe sie an die entsprechende Kante!
(Siehe ⟶)
4. Schreibe deinen Namen auf die Pyramide!

Name: ________________________________ Datum: ___________

Linien haben Namen

1. Lies dir den Text der einzelnen Felder aufmerksam durch.
2. Lege die Kontrollstreifen mit der Geraden, Strecke, Halbgeraden und dem Streckenzug auf das entsprechende Feld. Ob du es richtig gelegt hast, erkennst du an dem Muster am rechten Rand. Fülle danach das rechte Feld aus.

Strecke Eine Strecke ist eine gerade Linie, die an beiden Enden durch Punkte begrenzt ist.	Strecke: Zeichne ein.
Streckenzug Ein Streckenzug setzt sich aus mehreren Strecken zusammen.	Streckenzug: Zeichne ein.
Gerade Eine Gerade ist eine gerade Linie, die nicht durch Endpunkte begrenzt ist.	Gerade: Zeichne ein.
Halbgerade Eine Halbgerade ist eine gerade Linie, die nur an einem Ende durch einen Punkt begrenzt ist.	Halbgerade: Zeichne ein.

Name: ______________________ Datum: __________

Linien haben Namen

Betrachte die unterschiedlichen Linien in der Zeichnung.

a) Welche Linien sind gerade Linien?

b) Welche Linien sind Strecken, welche Streckenzüge, welche Geraden oder Halbgeraden?

c) Miss die Längen der Strecken und ordne sie der Größe nach.

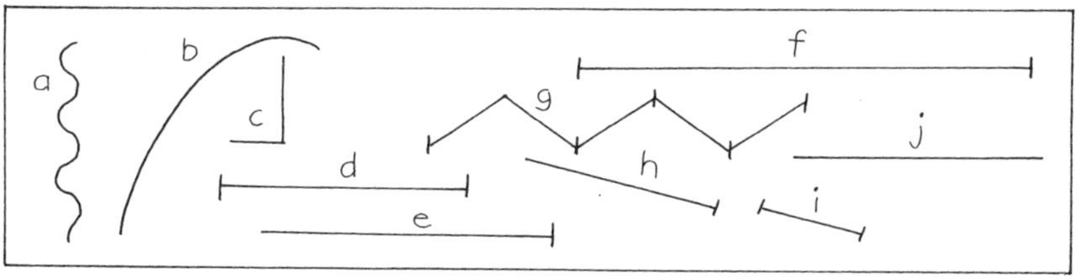

Strecken: ______________________

Streckenzüge: ______________________

Geraden: ______________________

Halbgeraden: ______________________

Strecke	cm	Reihenfolge, beginne mit der kürzesten Strecke:

Zeichne den Streckenzug von A über B und C nach D ein.
Wie lang ist er? Er ist _______ cm lang.

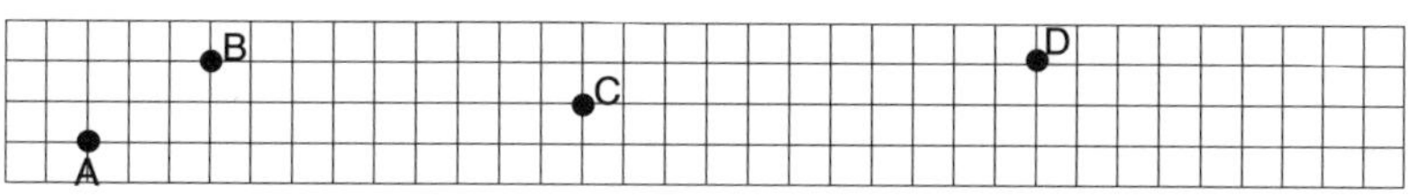

2. Station – Grundformen

Arbeitsanleitung
Grundformen

1. Suche dir einen Partner.
2. Nimm die Schachtel, auf der „Grundformen" steht.
3. Dein Partner legt die Hände auf den Rücken.
4. Nimm ein Plättchen so aus der Schachtel, dass dein Partner nicht sehen kann, welches du ausgewählt hast.
5. Lege das Plättchen in die Hand deines Partners. Er darf das Plättchen nur fühlen, nicht ansehen.
6. Achte darauf, dass er das Plättchen mit der richtigen Bezeichnung nennt. (Gehe zur Station und sieh nach, wenn du die richtigen Bezeichnungen nicht mehr weißt.)
7. Nun bist du an der Reihe und darfst die Form der Plättchen erraten.

Achte darauf, dass zum Schluss wieder 7 Teile in der Schachtel liegen.

3. Station – Symmetrische Figuren

Arbeitsanleitung
Symmetrische Figuren
Schmetterling

1. Lege das Arbeitsblatt zurecht.
2. Stelle den Spiegel senkrecht entlang der schwarzen Symmetrieachse. Was fällt dir auf?
3. Zeichne die andere Hälfte nach.

Arbeitsanleitung
Symmetrische Figuren
Faltschnitte

1. Falte das Blatt nach Anleitung. (***einmal falten: eine Symmetrieachse)***
2. Schneide eine beliebige Figur deiner Wahl.

Klebe deine Figur aufgeklappt an die richtige Stelle der Plakatwand.

3. Falte das Blatt nach Anleitung. (***zweimal falten: 2 Symmetrieachsen)***

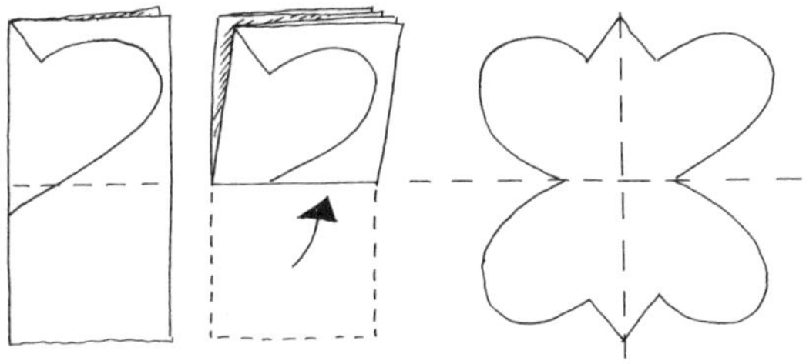

4. Schneide eine beliebige Figur deiner Wahl und klebe deine Figur aufgeklappt an die richtige Stelle der Plakatwand.

5. Falte das Blatt nach Anleitung.(***dreimal falten: 4 Symmetrieachsen)***

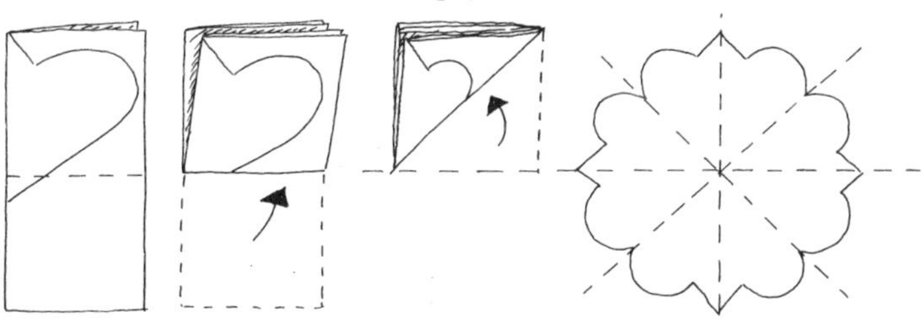

6. Schneide eine beliebige Figur deiner Wahl. Klebe deine Figur aufgeklappt an die richtige Stelle der Plakatwand.

Name: ______________________________ Datum: ____________

Symmetrische Figuren

a b c d e f

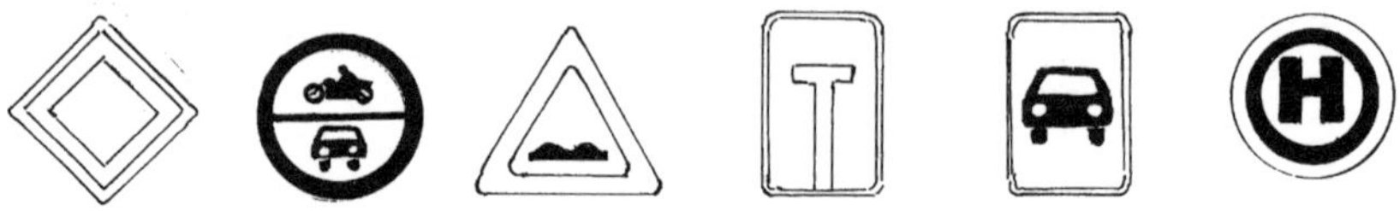

Kreise die symmetrischen Figuren ein.

1. Welche dieser Figuren sind symmetrisch? Schreibe die richtigen Buchstaben auf.

____

2. Zeichne die begonnenen Figuren symmetrisch fertig. Beachte die unterschiedliche Lage der Symmetrieachse.

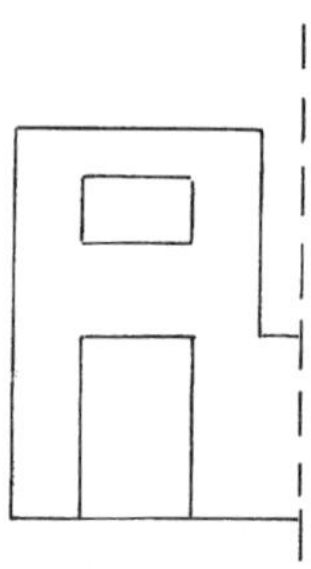

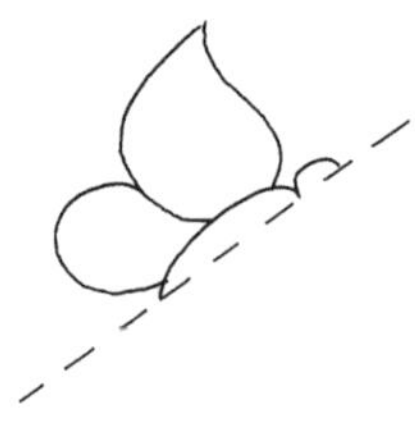

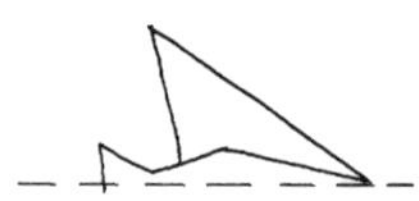

3. Welche dieser Wörter sind symmetrisch?

a) EHE b) ATA c) OMA d) OTTO e)EBBE
f) UHU g) OMO h) INA i) PAPA j) TOT

Name: ______________________ Datum: __________

Verschieben oder Drehen von symmetrischen Figuren I

Setze das Muster fort.

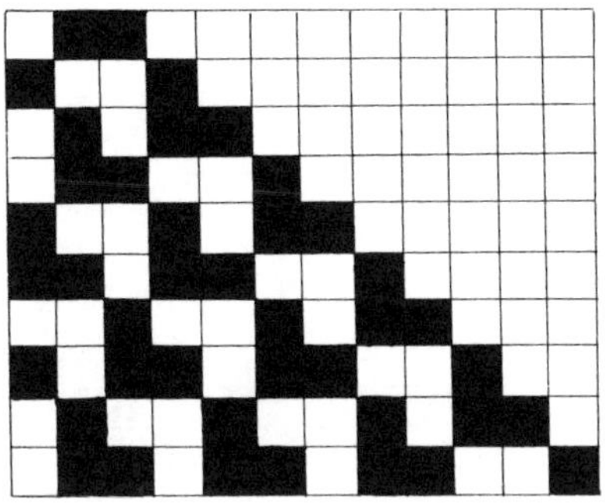

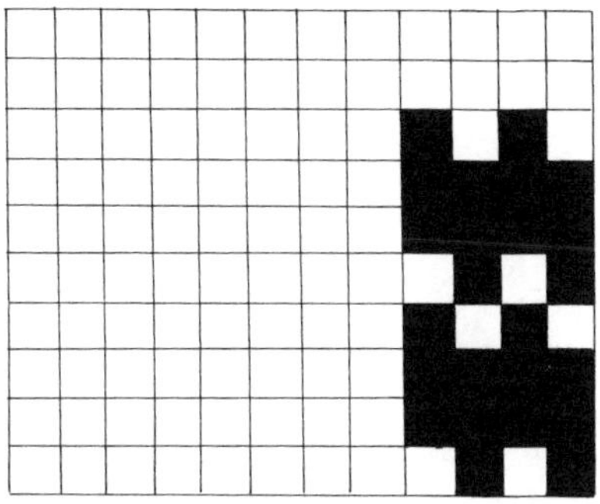

Vervollständige die Figuren.
Zeichne sie nach jeder Viertelumdrehung.

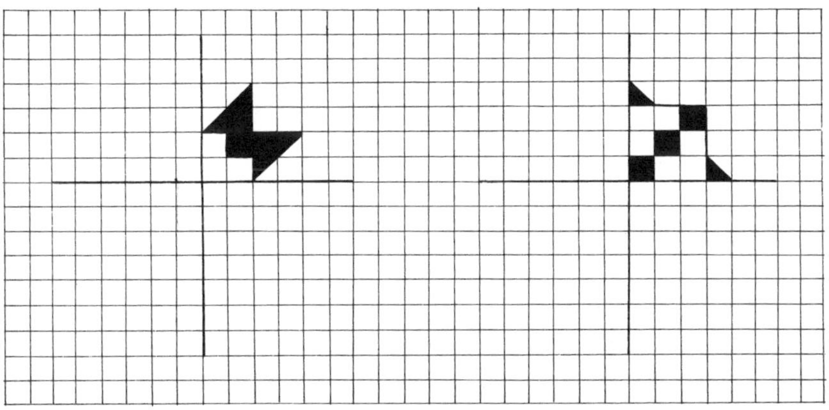

Name: ______________________________ Datum: ____________

Verschieben oder Drehen von symmetrischen Figuren II

Setze das Muster fort.

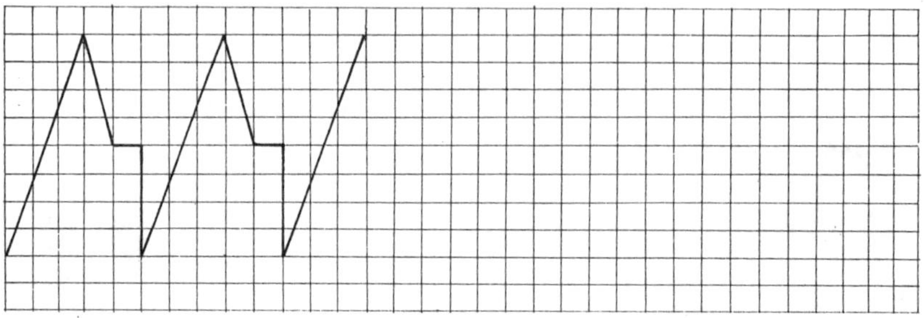

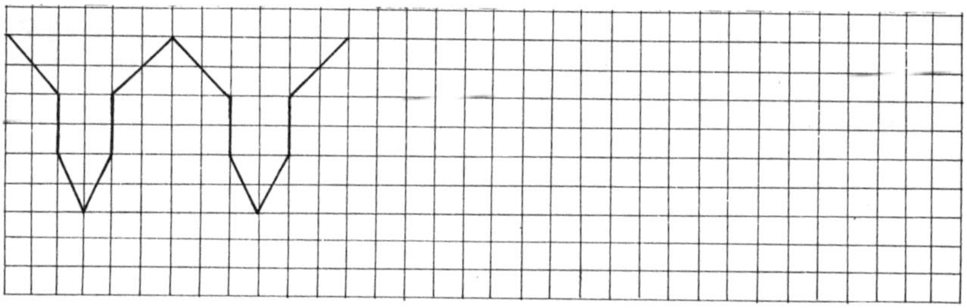

Vervollständige die Figuren.
Zeichne sie nach jeder Viertelumdrehung.

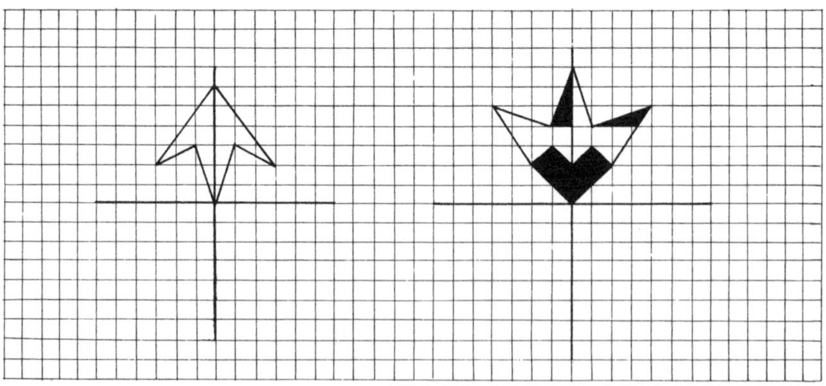

Arbeitsanleitung
Geometrische Körper
Wir bauen Körper aus Plastilin

Materialien: Du benötigst Plastilin und eine Unterlage.
Beschrifte ein Blatt DIN-A4 mit deinem Namen.

Forme aus Plastilin:

1. Forme einen **Würfel.**
2. Forme einen **Quader.**
3. Forme eine **Kugel.**
4. Forme ein **Prisma.**
5. Forme einen **Kegel.**
6. Forme einen **Zylinder.**
7. Forme eine **Pyramide.**

Lege die von dir geformten Körper auf das mit deinem Namen beschriftete DIN-A4-Blatt.

Pyramide

Wir basteln eine Pyramide. Schneide die Figur genau aus. Knicke die Kanten sorgfältig um. Klebe die überstehenden Kanten in angegebener Reihenfolge.

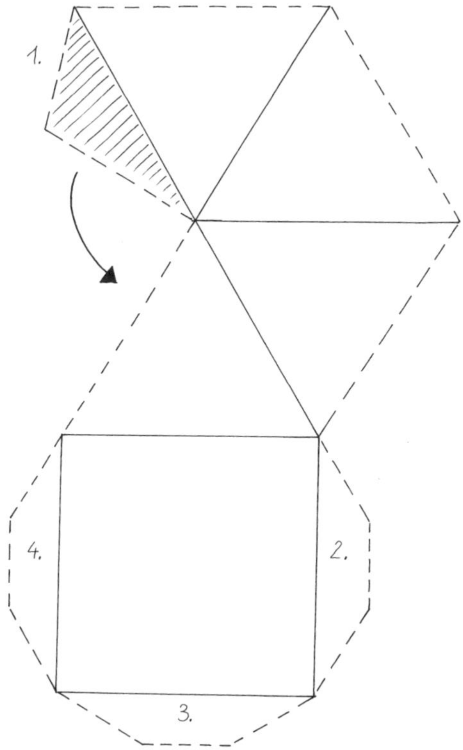

Name: ______________________ Datum: ____________

Geometrische Körper
Wie heißen diese Körper?

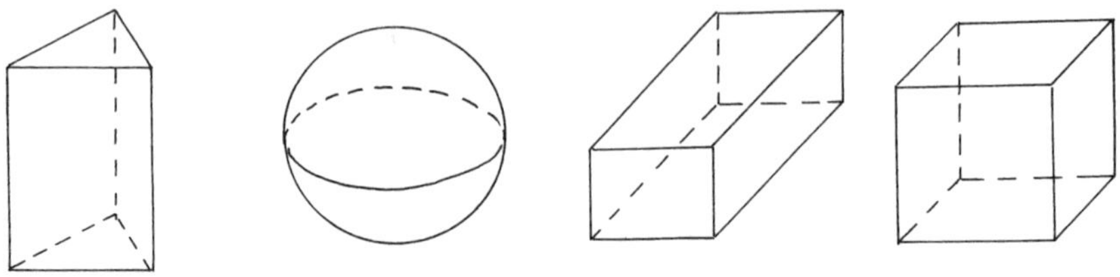

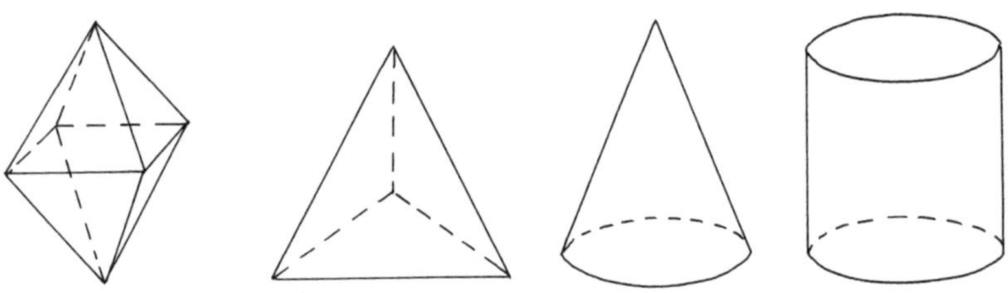

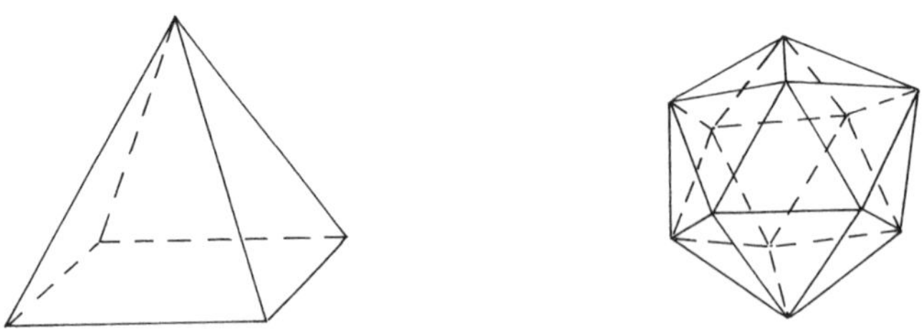

Name: ______________________ Datum: ____________

Geometrische Körper

Fülle die Spalten aus.

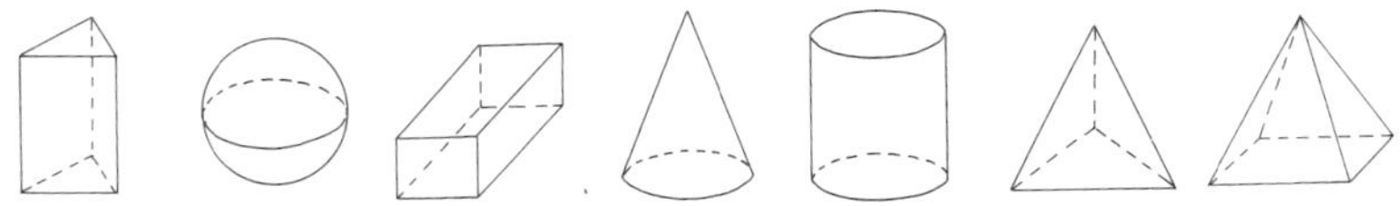

Der Körper ist rund.							
Der Körper hat 12 Kanten.							
Wenigstens eine Fläche ist quadratisch.							
Alle Flächen sind dreieckig.							
Der Körper hat 8 Kanten.							
Mindestens eine Fläche ist kreisförmig.							
Der Körper hat 6 Kanten.							
Alle Flächen sind rechteckig.							
Der Körper hat 8 Ecken.							
Der Körper hat eine Spitze.							
Wie heißt der Körper?							

Arbeitsanleitung
Geometrische Körper
Wir bauen Körper aus Zahnstochern und Plastilin

Materialien: Du benötigst Zahnstocher und Plastilin.
Beschrifte ein Blatt DIN A4 mit deinem Namen.

Baue aus Plastilin und Zahnstochern:
1. einen **Würfel.**
2. ein **Prisma.**
3. eine **Pyramide.**

Lege die von dir geformten Körper auf ein DIN-A4-Blatt mit deinem Namen.

Arbeitsanleitung
Geometrische Körper
Wir bauen eine Pyramide

1. Schneide die Pyramide sorgfältig aus.
2. Knicke die gestrichelten Kanten sauber um.
3. Klebe sie an die entsprechende Kante.
4. Schreibe deinen Namen auf die Pyramide.

5.4 Sachunterricht

5.4.1 Was und wie lernen wir im Sachunterricht

I. Hinführung
1. Motivation
Sitzkreis: Gespräch über SU — Wortkarte SU
– Vorwissen, Vorerfahrungen
– Erwartungen bezüglich des Faches
Vorstellen des Lehrplans:
Inhalte sind hier fest geschrieben — Lehrplan
2. Zielangabe — Tafel
Was und wie lernen wir in diesem Schuljahr im Sachunterricht?

II. Erarbeitung
1. Teilziel: Inhalte des Lehrplans
- Leises Lesen der Lehrplaninhalte
- Unterstreichen der persönlich interessanten Inhalte
- Auswertung: Schüler benennen Inhalte, hängen Bildkarten an Tafel — Tafel, Bildkarten

1. Teilzielzusammenfassung
Impuls: Im Lehrplan stehen wichtige Dinge! — Lehrplan
Schüler wiederholen die Themen
Veränderung der Zielangabe. Das lernen wir … — Wortkarte, Tafel

2. Teilziel:
Feststellen der Schülerinteressen
- Impuls: Manche Kinder haben schon Themen unterstrichen, die sie besonders interessieren
- Punkten der Themen auf den Bildkarten: Jeder Schüler erhält einen Klebepunkt — Tafel, Bildkarten, Klebepunkte
- Auswertung: Beliebteste Themen herausstellen
- Unterrichtsgespräch: Woran könnte es liegen, dass manche Themen so viele Punkte bekommen haben und andere so wenige?

Was und wie lernen wir in diesem Schuljahr im Sachunterricht?
Feinziele
Die Schüler sollen
- Lehrplaninhalte kennen lernen
- Möglichkeiten der Mitwirkung überlegen und präsentieren
- bereit werden, sich im Unterricht aktiv einzubringen
- erkennen, dass die aktive Teilnahme für das eigene Lernen förderlich ist.

Material: Tafel, Wort-/Bildkarten, Texte, Expertenkarten, Klebepunkte, Lehrplan, Materialkorb (Lexikon, Plakat, Buch, Zeitung, Zeitschrift, Bilder, Gegenstände…)

3. Teilziel:
Einbindung der Schüler bei der Realisierung
- Wie kann ich im Unterricht mitwirken und Informationen **sammeln** (Partnergespräch) (Korb mit Materialien zur Unterstützung) — Tafel: Wie **Sammeln**, Materialkorb
- Auswertung, Bücher, Lexika, Atlas, Zeitung, Referate Bestimmungsbücher, Bilder, Gegenstände, Eltern befragen — Tafel
- Wie kann ich als Experte das Thema **vostellen** (thementeilige Gruppenarbeit) – Infokarten für Experten — Tafel: **vorstellen**
- Auswertung: Plakat, Arbeitsblatt Folie, Referat, Tonband, Rätsel, Tafelzeichnung, Quiz, Hefteintrag, Spiel, Gegenstände — Tafel

3. Teilzielzusammenfassung:
Überlege dir bis zur nächsten Stunde, bei welchem Thema du mitarbeiten möchtest. (Hausaufgabe)

III. Gesamtzusammenfassung
Reporterspiel: Wir von der lokalen Zeitung haben gehört, dass die 4. Klasse an eurer Schule dieses Jahr ganz anders im Sachunterricht lernen wird. Wie soll denn das gehen? — Diktiergerät
Schüler erklären

IV Besinnung (Sitzkreis)
Was haltet ihr von diesem Plan?
(Was bringt euch das? Ist der Lehrer faul? Ist es interessanter?…)
„Ich höre und vergesse.
Ich sehe und behalte.
Ich tue und verstehe.“ — Spruch am Boden
Was hat dieser Spruch mit unserem Plan zu tun?
Was man selber tut, behält man besser! — Tafel

Informationsblatt zum 1. Teilziel:

Die Themen im Sachunterricht für die 4. Klasse in unserem Lehrplan

- Die Entwicklung des Menschen
- Mein zukünftiges Leben
- Meine Wünsche und Bedürfnisse
- Zusammenleben in der Gemeinde, Aufgaben der Gemeinde
- Kinder in anderen Ländern, Kinder aus anderen Ländern
- Der Wasserkreislauf
- Tiere und Pflanzen in und am Gewässer
- Die Wasserversorgung
- Die Geschichte unserer Stadt
- Orientierung mit Hilfe von Karten
- Landwirtschaftlicher Betrieb oder Industriebetrieb
- Dienstleistungsbetrieb, zum Beispiel: Bäckerei
- Abfallentsorgung
- Rad fahren

Arbeitsauftrag:
Unterstreiche mit Lineal die Themen, die dich am meisten interessieren.

(Jeweils an den Lehrplan des betreffenden Bundeslandes anpassen)

Beispiel für eine Bildkarte an der Tafel

Aus: FLOH, Domino Verlag, Nr. 24, Oktober 2004, © Bilderberg Archiv der Fotografen GmbH, Hamburg

Karteikarten zum 3. Teilziel (thementeilige Gruppenarbeit)

Heute hat der Sachunterricht Spaß gemacht.

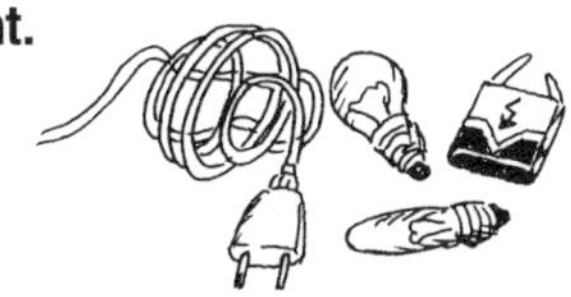

Die *„Stromgruppe“* hat alles, was sie uns vorstellen wollte, ganz groß an die Tafel gezeichnet. Sie hat toll gemalt. Dazu hat Sabine ein Tonband vorgespielt, auf dem ihr ein Mann vom Elektrizitätswerk vieles erklärt. Die Kinder haben ein Arbeitsblatt erstellt, das wir danach ausfüllen sollten.

Arbeitsauftrag:
Überlege in deiner Gruppe, wie die „Stromspezialisten“ ihre Arbeit vorgestellt haben. Sie haben verschiedene Mittel benutzt. Schreibe die 3 Begriffe auf die Karte.

________________ ________________

____

Heute hat der Sachunterricht Spaß gemacht.

Wassergruppe

Die *„Wassergruppe“* hat alles, was sie uns vorstellen wollte, in ein Würfelspiel mit Frage- und Ereigniskärtchen umgewandelt. Das hat großen Spaß gemacht und wir haben viel dabei gelernt. Zum Schluss hat uns die Gruppe lauter Rätsel zum Wasserkreislauf gestellt, die wir beantworten durften.

Arbeitsauftrag:
Überlege in deiner Gruppe, wie die *„Wasserspezialisten“* ihre Arbeit vorgestellt haben. Sie haben verschiedene Mittel benutzt. Schreibe die 2 Begriffe auf die Karte.

____________________ ____________________

Heute hat der Sachunterricht Spaß gemacht.

Waldgruppe

Die *„Waldgruppe“* hat alles, was sie uns vorstellen wollte, auf ein großes Plakat geschrieben. Es war auch schön bunt angemalt. Stefan hat dazu ein interessantes Referat gehalten. Das heißt, er hat uns das, was auf dem Plakat stand, sehr gut erklärt.

Arbeitsauftrag:
Überlege in deiner Gruppe, wie die *„Waldspezialisten“* ihre Arbeit vorgestellt haben. Sie haben verschiedene Mittel benutzt. Schreibe die 2 Begriffe auf die Karte.

____________________ ____________________

5.4.2 Effektives Lernen anhand des Themas „Strom“

Folgende Lerntipps werden gründlich besprochen und gemeinsam geübt:

- Bei jedem Satz, den du schreibst, musst du mitdenken.
- Du musst verstehen, was du geschrieben hast.
- Frage sofort nach, wenn etwas unklar ist.
  Sonst hat es keinen Sinn!

Wie lerne ich den Stoff für den Sachunterricht?

- Lies einen Satz in deinem SU-Heft.
- Schließe das Heft.
- Erkläre deinem Nachbarn, deiner Mama oder jemand anderem, was du eben gelesen hast und was dies bedeutet.
- Gelingt dir das nicht, musst du noch einmal gründlich nachlesen oder nachfragen.
- Gelingt es dir, kannst du dir gleich mehrere Sätze durchlesen, bevor du dein Heft schließt und du dich überprüfst.
- Was du dir nicht merken kannst, schreibst du als Frage auf eine Karteikarte für deine 5 Fächerkartei.

  Beispiel: Du kannst dir nicht merken, ob das Birnchen bei geschlossenem oder offenem Stromkreis brennt.

Deine Karteikarte sieht also so aus:

- Alles, was du dir merken kannst, solltest du auf jeden Fall
  → genau ansehen.
  → dir wiederholt laut vor- oder auf Band sprechen und dieses immer wieder anhören.
  → aufschreiben
    - zuerst in ganzen Sätzen,
    - dann unterstreichst du die Merkwörter.
    - Bilde aus diesen Merkwörtern *eigene Sätze* und sprich sie dir laut vor.

Beispiel:
Merkwörter: Glühbirnchen – brennt – geschlossener Stromkreis
Du sprichst zu den Merkwörtern: „Ein Glühbirnchen brennt nur, wenn der Stromkreis geschlossen ist."
– aufmalen – Vielleicht kannst du dir ein Bild besser einprägen.

Wie lerne ich für andere Fächer?

- Genau so machst du es auch in den anderen Fächern mit dem Stoff, den du auswendig lernen musst.
- Du kannst dir den Stoff, den du dir nicht merken kannst, auch ganz groß auf ein Blatt Papier schreiben und an deine Pinnwand, deinen Schreibtisch, ins WC, an den Kühlschrank, vor den Fernseher, ins Treppenhaus usw. hängen.

Tipp! Überlege dir für deine Mitschüler schwierige Kniffelfragen, die zum Thema passen.

Hier erhältst du Platz für eigene Lernideen. Vielleicht hast du gute Tipps, wie man noch erfolgreich lernen kann:

5.4.3 Referate

In der dritten Klasse werden von den Schülern Referate in einfacher Form erstellt. Das Thema kann frei gewählt werden.

Folgende Regeln gelten:
- es muss leserlich geschrieben sein
- möglichst ein anschauliches Bild enthalten (gemalt oder kopiert)
- laut und deutlich vorgetragen
- alles erklärt werden können, d. h. der Inhalt muss verstanden sein.

Zunächst darf der Text auch abgeschrieben werden. Im Laufe der dritten Klasse werden anhand der gehaltenen Referate Feinheiten herausgearbeitet, wie sie in den Tipps *„So bereite ich ein Referat vor"* aufgeführt sind.

So bereite ich ein Referat vor

1. Wie finde ich ein Thema?
   - Was interessiert mich?
   - Was interessiert meine Mitschüler?

2. Sammle Informationsmaterial zu deinem Thema.

3. Kopiere die wichtigen Seiten.

Jetzt geht's erst richtig los!

⇩

Wähle aus:

- nur die wichtigen und interessanten Informationen
- Abbildungen, die sich für eine Folie eignen
- Bilder, die anschaulich sind
- Versuche eine eigenhändige Zeichnung anzufertigen.

⇩

Arbeite am Text:

- Unterstreiche wichtige Textstellen.
- Schreibe die wichtigen Schlüsselwörter heraus.
- Formuliere einen eigenen Text.
- Gestalte eine Seite.

⇩

Lege den Text zurecht:

- Unterstreiche die Schlüsselwörter. (Wichtig für den Vortrag)
- Notiere im Text, wann du Folien, Bilder, Zeichnungen zeigen willst.

Du hast ein gutes Referat gehalten, wenn:

1. Inhalt

- der Inhalt stimmt
- viele interessante Neuigkeiten beschrieben sind
- du dich gut ausgedrückt hast

2. Form

- deine Seite ordentlich aussieht
- deine Stichpunkte unterstrichen sind
- dein Text durch Abschnitte gegliedert ist
- du Bilder, Folien, Zeichnungen vorbereitet hast

3. Vortrag

- du aufrecht stehst
- du laut, langsam und deutlich sprichst
- du deine Zuhörer ansiehst

Beispiel eines Referates aus der 3. Jahrgangsstufe, bei dem der Text noch abgeschrieben werden durfte. In diesem konkreten Fall liegt eine Mischform vor. Einiges wurde abgeschrieben, ein Teil selbst formuliert. Zum Teil wurden die Texte auf dem Klassencomputer erstellt.

Alisa 3 a

Vulkane

Die Erde besteht aus Erdkern, Erdmantel und Erdkruste. In ihrem Mittelpunkt ist sie etwa 5000° Celsius heiß. Bis zur Erdkruste kühlt es auf ungefähr 1000 ° Celsius ab. Im oberen Erdmantel liegen Magmaherde. Das sind Stellen, wo sich Magma sammelt. Magma ist ein flüssiges und gasreiches Gestein, das in der Tiefe geschmolzen ist und nach oben aufgestiegen ist.

An einer dünnen Stelle der Erdkruste kann das Magma mit großer Kraft durch das Gestein bis zur Erdoberfläche durchbrechen. Dann entsteht ein Vulkan (Vulcanus = Gott des Feuers).
Diesen Ausbruch nennt man Eruption. Flüssiges Magma (= Lava) fließt aus, Staub und Asche werden hoch in die Luft geschleudert und Gase steigen in die Luft.
Es kann zu ganz gewaltigen und schlimmen Ausbrüchen kommen, wenn ein besonders großer Druck im Erdmantel entsteht.

Der größte Vulkan Europas ist in Italien. Er heißt Ätna und ist 3300 Meter hoch. Vor vielen Jahren flossen bei einem schweren Ausbruch riesige Lavamengen den Berg hinunter und zerstörten die Stadt Catania. Viele Menschen mussten sterben.

Aber die allermeisten Vulkanausbrüche sind harmlos.
Lava und Asche werden zu fruchtbarem Ackerboden, auf dem man Wein, Obst oder Getreide anbauen kann. Aus Lavasteinen werden Häuser, Mauern und Straßen gebaut.
Viele Touristen fahren jedes Jahr zu Vulkanen, um sie zu besichtigen und dort zu wandern. In der Karibik gibt es sogar einen Vulkan, wo man mit dem Auto in den Krater hineinfahren kann.

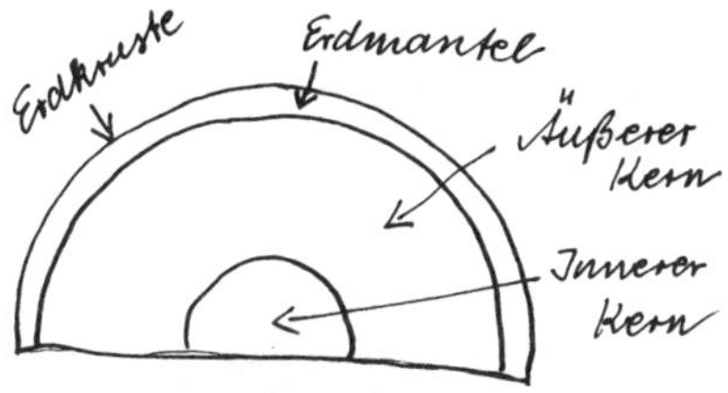

Es folgt ein Referat aus der vierten Klasse, das schon höhere Anforderungen an das Kind stellte. Der Text musste weitgehend selbst formuliert, Schlüsselwörter unterstrichen, Quellen angegeben und möglichst frei gehalten werden …

DER WIND

Man sieht nur wie sich die Bäume bewegen und immer hin und her schwanken, im Wind. Den Wind selbst kann man nur spüren, in den Haaren oder auf der Haut, weil er unsichtbar ist. Er entsteht dadurch, dass die kalte Luft schwerer und die warme leichter ist. Die warme Luft steigt nach oben, verdrängt die kalte und nimmt ihren Platz ein. Es kommt dann immer zu Luftströmungen zwischen den kalten und und warmen Gebieten. Das ist dann der Wind.
Nicht ganz gerade aber wehen die Winde zwi schen den Polen und dem Äquator. Aus diesem Grund verändern sie ihre Richtung: weil sich die Erde, ja dreht.
Wenn das Land sich bereits erwärmt hat bleibt das Wasser noch kühl. Aber das Wasser hält im Gegensatz zum Land die Temperaturen länger. Daraus ergibt sich, dass das Land und das Wasser immer unterschiedliche Temperaturen haben. Tagsüber wird der kühle Wind vom Meer zum Land getrieben, abends ist es mit dem warmen Landwind umgekehrt.

Aus dem Buch: ALLES WAS ICH WISSEN WILL u. WARUM WEHT DER WIND.

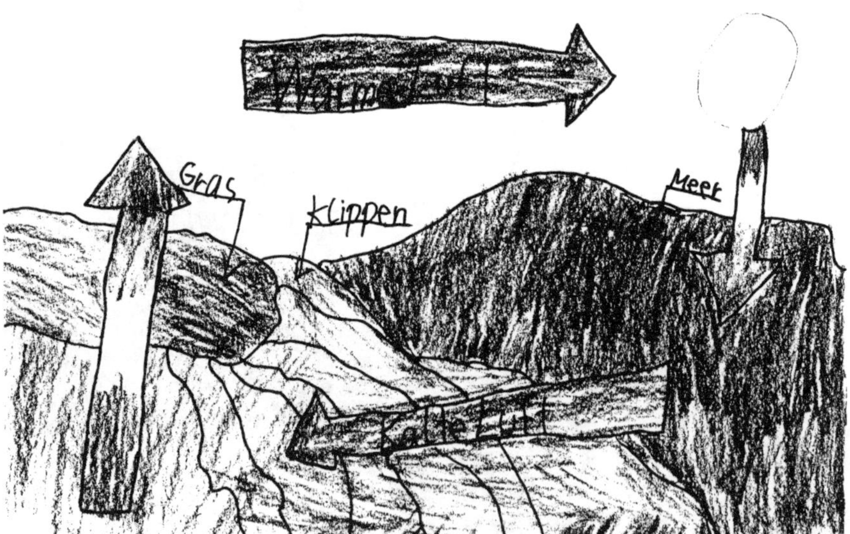

5.5 Ausgewählte Maßnahmen

- **Begründung für offene Lernformen**
  - → Unterschiedliche Interessen, Lerntypen und Lerntempi können besser berücksichtigt werden.
  - → Das unterschiedliche Leistungsvermögen der Kinder kann berücksichtigt werden durch Differenzierung und Individualisierung.
  - → Neugier und Lernmotivation können zur Freude am Lernen und damit zur Steigerung der Leistungsfähigkeit beitragen.
  - → Weg von der Konsumentenhaltung – Hin zum aktiven Handeln!
  - → Eigene Kreativität kann entdeckt werden.
  - → Unterschiedliche Lerntypen können gut berücksichtigt werden, sodass jedes Kind auf „seinem Kanal" lernen und andere Kanäle ausbauen kann.
  - → Eigenverantwortlichkeit wird durch den Prozess des Entscheidens, Durchhaltens und Kontrollierens einer Aufgabe gefördert.
  - → Umgang mit der Zeiteinteilung wird geschult.
  - → Verantwortungsvoller Umgang mit Material wird gelernt.
  - → Freie Wahl der Sozialform ermöglicht effektives Lernen.
  - → Zufriedenheit kann erlebt werden.
  - → Freude am Lernen bleibt erhalten.

Jedem das Seine!

5.5.1 Lernen im Stationenbetrieb/an der Lerntheke

Der Stationenbetrieb ist eine offene Arbeitsform, die Lernen durch eigenes praktisches Tun impliziert. Vorrangiges Ziel ist es, dass die Kinder selbstständig handelnd und entdeckend lernen, wobei spielerische Angebote ergänzend hinzutreten können. Bei optimalem Lernen geht die Aktivität auch vom Lernenden aus (nach R. Bauer). Notwendig dafür ist ein zu einem Thema oder einer Unterrichtseinheit didaktisch sorgfältig arrangiertes Materialangebot, das dem Schüler ermöglicht, lehrerunabhängig und individuell zu arbeiten, zu üben und ggf. Erkenntnisse zu gewinnen. Kurze klare Arbeitsanweisungen und die Überprüfung der Richtigkeit durch Selbstkontrolle sind notwendig,

um selbstständiges Arbeiten zu ermöglichen. Dabei sind das Niveau und die Interessen der Schüler sowie die Sozialformen zu berücksichtigen.
Die Stationen sind im Klassenzimmer verteilt in Form von Arbeits- bzw. Versuchs- und Beobachtungsanweisungen, als Hinweise auf Buchseiten, als Spielangebote und dem dazu gehörigen Material. Die Kinder wählen in einem vom Lehrer zur Verfügung gestellten zeitlichen und organisatorischen Rahmen die für sie passenden Angebote aus, wobei nicht jeder jede Station durchlaufen muss. Allerdings sollten Pflichtstationen alle Kinder berücksichtigen, da sie die notwendigen Grundeinsichten vermitteln. Die freien Stationen dagegen dienen der Übung und Sicherung bzw. der Vertiefung und Erweiterung bereits gelernter Inhalte.
Ziel ist es, sein eigenes Arbeitstempo zu finden. Das setzt einen Stationenwechsel voraus, den das Kind selbst beschließt. Durch innere Differenzierung sollten die gestellten Aufgaben für jeden lösbar sein.
Dies beinhaltet Differenzierungen hinsichtlich

- **des Arbeitstempos**

Ein wesentlicher Faktor ist die Zeit, die ein Lernender braucht, um etwas zu lernen. Nach Carroll ist Begabung das Maß an Zeit, die jemand braucht, um etwas zu lernen. Das vorhandene unterschiedliche Arbeitstempo innerhalb einer Klasse erfordert verschieden umfangreiche Angebote, die eine intensive Auseinandersetzung ermöglichen.

- **der Aneignungs- und Handlungsformen**

Die Berücksichtigung vielseitiger Lerneingangskanäle intensiviert den Lernprozess und erhöht die Behaltensrate. Aus den Ergebnissen der Lernpsychologie wissen wir, „dass Inhalte, die selbst erarbeitet werden, besser gelernt, länger behalten und eher auf neue Situationen übertragen werden können, als nur sprachlich übermittelte Stoffe.“[1])
Daher ist es wichtig, für möglichst alle Lerntypen Angebote zu erstellen.

- **der Sozialform**

Auch Sozialformen nehmen Einfluss auf das Lernen. Manche Lernprozesse vollziehen sich in bestimmten Gruppierungen effektiver. Bei der Partner- und Gruppenarbeit können sich die Schüler gegenseitig ergänzen und durch den Austausch Denkprozesse in Gang bringen. Einzelarbeit schult die Selbstständigkeit und ermöglicht das Kennenlernen der eigenen Fähigkeiten. Ein Stationenbetrieb sollte die unterschiedlichen Sozialformen anbieten, aber dem Kind freistellen, mit wem es arbeiten will.

Lernen in der Grundschule kann sich heute nicht mehr vorrangig als Beleh-

[1]) Schräder-Naef, R. in H. Schröder, Grundbegriffe der Schulpädagogik und allgemeinen Didaktik. München 1990

rung und Vermittlung von abfragbarem Wissen in Form von Frontalunterricht vollziehen. Aufgrund der veränderten Kindheitsbedingungen wird es für die Schüler immer bedeutender, eigene Erfahrungen und Einsichten in Sachzusammenhänge und Handlungsabläufe einzubinden.

5.5.2 Wochenplanarbeit

Den Schülerwochenplan erhalten die Schüler am Montag. Auf einem dafür vorgesehenen Platz liegen alle Unterlagen, die zur Bearbeitung des Wochenplanes nötig sind, d. h. Arbeitshefte, Arbeitsblätter etc. Im Kopf des Wochenplanes stehen alle wichtigen Informationen für die kommende Woche. Am ersten Elternabend werden die Eltern darauf aufmerksam gemacht, dass der Austausch wichtiger Informationen, die alle Eltern betreffen, über den Wochenplan stattfindet. (Beispiel eines Wochenplans siehe S. 186)

5.5.3 Lernen mit der 5-Fächer-Lernkartei

Die Arbeitsanweisung für die Verwendung der 5-Fächerkartei (siehe S. 187) geht aus dem Tipp für die Pinnwand hervor, der als Gedächtnishilfe für die Schüler, die sowohl einen Lernkarteikasten in der Schule als auch zu Hause besitzen, gedacht ist. In bestimmten, zeitlich unterschiedlichen Intervallen muss der zu lernende Stoff wiederholt werden, damit er im Gehirn gespeichert werden kann. Dieser Forderung entspricht der Aufbau des Kastens für die 5-Fächer-kartei.

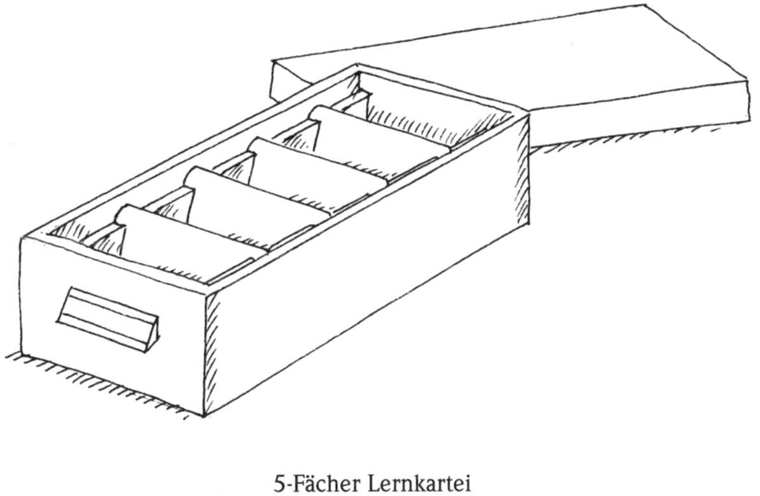

5-Fächer Lernkartei

[1]) Z. B. 5-Fächer-Lernkartei, AOL Verlag, Lichtenau

Name: ______________________________ Datum: ___________

Schülerwochenplan vom _________ bis _________

Du hast in der nächsten Woche 3 Stunden Zeit für den Wochenplan und 2 Stunden Zeit für die Freiarbeit.
Bitte bringe für die Fahrradübung deinen Fahrradhelm mit.
Für den Unterrichtsgang in der nächsten Woche benötigen wir 1,50 € für die Fahrkarte. Wir treffen uns am Dienstag pünktlich um 8.00 Uhr und sind gegen 12.30 Uhr wieder zurück.

Wochenplan

Fach	Aufgabe	abhaken
M	Arbeitsheft Seite 57	✓
	Sachaufgaben (siehe Ablage) ins Sachaufgabenheft	✓
	Wiederhole das große Einmaleins.	✓
	AB Nr. 27	✓
	AB Nr. 28	✓
D	Gewitter S. 43/44 N 3, 4	✓
	Gewitter S. 26/27 N 1, 2, 4, 5, 6, 7, 8 ins D-Übungsheft	✓
	Gewitter GWS Heft NW, ZW, EW unterstreichen! Feuerwehrstellen unterstreichen!	✓
SU	Linksabbiegen. Lerne die Regeln.	✓
	Unser nächstes Thema: Münchner Altstadt Suche Bilder, Berichte, Zeitungsausschnitte etc. zum Thema und bringe sie mit zur Schule.	✓
Mu	Instrumente mitbringen am Die und Fr	✓

Freiarbeit

		Seite, Nr., Thema?
M	Übe mit der Mathekartei.	Karte 17 und 18
D	Schreibe an deinem Aufsatz für die Aufsatzkonferenz.	
	Übe mit der Rechtschreibkartei.	Karte 9
	Referat Stadtgründung	

Umgang mit der 5-Fächer-Lernkartei

1. Kärtchen kommen zum Lernen zuerst immer ins 1. Fach.
2. Kannst du die Frage auf deinem Kärtchen beantworten? Dann wandert das Kärtchen ins 2. Fach.
3. Das erste Fach wird **jeden Tag** abgefragt.
4. Das zweite Fach kommt erst an die Reihe, wenn es voll ist.
5. Ist dies der Fall, kommen alle Kärtchen, die du richtig beantwortet hast, ins 3. Fach. Solche, die du nicht mehr beantworten kannst, wieder zurück ins 1. Fach.
6. Auch das 3. Fach kommt erst an die Reihe, wenn es voll ist. Ist dies der Fall, kommen alle Kärtchen, die du richtig beantwortet hast, ins 4. Fach. Solche, die du nicht mehr weißt, wieder zurück ins 1. Fach.

   Und so weiter!

Wie erstelle ich Kärtchen für die 5-Fächer-Lernkartei?

1. Du hast ein Problem:
   Du kannst dir nicht merken, dass man Namenwörter groß schreibt.
2. Formuliere dein Problem zu einer Frage:
   Namenwörter schreiben wir ???!
3. Diese Frage schreibst du vorne auf dein Kärtchen.
4. Auf die Rückseite kommt die Antwort mit einem Beispiel.
   Also so:

Namenwörter schreiben wir ???	Namenwörter schreiben wir **groß:** das Haus, der Vogel, die Ente Wir erkennen sie an ihrem Begleiter: **das** Haus, **der** Vogel, **die** Ente

5.5.4 Computereinsatz in der Grundschule

Die Bedeutung des Computers im Unterricht, auch in der Grundschule, wird zunehmen. Unsere pädagogischen, methodischen und didaktischen Maßnahmen müssen immer wieder den Erfordernissen der Zeit angepasst werden.
In jeder Klasse gibt es einige Kinder, die sich gut, zum Teil sehr gut im Umgang mit Computern auskennen. Sie werden zu Computerbeauftragten ernannt. Eine Liste, in die sich jeder eintragen muss, regelt die Nachfrage. Die Zeit ist nicht direkt limitiert, die Kinder werden lediglich zur Rücksichtnahme angehalten. Da die Texte auf Disketten gespeichert werden, ist ein Weiterarbeiten zu einem späteren Zeitpunkt gewährleistet. Jedes Kind hat somit einen unmittelbaren Zugriff zu bisher Erarbeitetem.
Der Computer dient nur der Unterrichtsergänzung, er ersetzt keine bewährten methodisch-didaktischen Maßnahmen. Er ersetzt nicht die Erfahrungen, die durch den originalen Bezug in Form von Unterrichtsgängen, Versuchen, freiem Gestalten, Meditationsübungen usw. gesammelt werden.
Eine Sorge, die Schüler würden nicht mehr lesen, ist zwar nicht völlig unbegründet, denn das neue Medium fasziniert sie. Es gibt aber auch Erfahrungen, dass Lese- und Schreibmuffel über den Computer eher bereit waren, sich lesender- oder schreibenderweise mit Texten auseinanderzusetzen. Doch die Hinführung zum Buch bleibt ein wichtiger Bestandteil der Schülerbildung.
Interessanterweise äußern die Kinder wiederholt die Bitte, gemeinsam mit dem Partner oder zu dritt am Computer arbeiten zu dürfen. Die Ergebnisse der Teamarbeit sind oft qualitativ hochwertig, weil sich die Kinder in ihren Ideen ergänzen. Dies widerlegt teilweise die weit verbreitete These, Computer seien kommunikationshemmend.
Grundsätzlich gilt für den Gebrauch des Computers in der Schule das, was auch für den Umgang zu Hause gilt. Verantwortungsvolle Erzieher und Eltern beobachten ihre Kinder beim Umgang mit Multimediaprodukten sehr genau und greifen ein, wenn es die Situation erfordert. Der Umgang mit dem Computer beschränkt sich in der Grundschule weitgehend auf Textverarbeitung im weitesten Sinne, umfangreiche Lernspiele, Nachschlagewerke und kommunikative Aktionen über Internet in Form von schulübergreifender Teamarbeit.

Vorteile

Der Einsatz von Computern dient nicht nur dem Erwerb von Kenntnissen im Umgang mit zeitgemäßen Medien, sondern bietet ein hohes Maß an Eigenverantwortlichkeit und Selbstständigkeit. Bei geeigneter Software ist ein vom Lehrer unabhängiges und unmittelbares Feedback gewährleistet. Texte lassen sich mit geringem Aufwand korrigieren oder umarbeiten. Für viele Schüler wächst dadurch die Motivation, sich an längere Texte zu wagen.

Einsatz im Unterricht

- Lernspiele allgemein
- Deutsch
  - Lernspiele Deutsch
  - Arbeit an Duden usw. (Nachschlagewerke auf CD-ROM)
  - Entwurf von Arbeitsblättern, Lernkarten usw. für die Klasse
  - Herstellen von Freiarbeitsmaterialien
- Mathematik
  - Lernspiele Mathematik
  - Eigene Aufgaben erstellen für die Klasse
  - Einsatz in Lernstationen
- Sachunterricht
  - Lernspiele Sachkunde
  - Referate
  - Einsatz in Lernstationen usw.
- Englisch
  - Lernspiele Englisch
  - Digitales Bild-Wort-Lexikon

und anderes ...

- Gedichte
- Aufsatzkonferenz
- Referate
- Diktate
- Klassenzeitung
- Protokolle
- Briefe schreiben
- Einsatz in Lernstationen usw.

- Herstellen von Freiarbeitsmaterialien
- Beiträge für die Knobelecke usw.

- Informationen aus Nachschlagewerken auf CD-ROM zu aktuellen Themen sammeln.

- Einsatz in Lernstationen (z. T. mit Spracherkennung)

Schulalltag

Anhand der Beschreibung eines Unterrichtstages in einer 4. Klasse wird veranschaulicht, welche Rolle der Computer im Verlauf dieses Schultages einnimmt.

Dienstag

7.30 Uhr – 8.15 Uhr: Die ersten Kinder kommen.

Zuerst sieht jedes Kind in seinem Fach nach, ob es eine Botschaft lesen soll mit Arbeitsaufträgen, Fragen oder Hinweisen des Lehrers oder ob eine Korrektur in einem der Hefte ansteht.

Danach ist Zeit für die üblichen 10 Minuten 5-Fächer-Lernkartei für alle.

Sie enthält Lernkärtchen, zum Teil vom Lehrer, zum Teil gemeinsam oder unter Umständen am Computer selbst erstellt.

Von nun an kann das Kind bis 8.15 Uhr selbst entscheiden, woran es arbeiten will (Freiarbeitszeit). Zumeist finden in dieser Zeit folgende Aktivitäten statt:

- Begrüßung untereinander
- Wochenplanarbeit
- Korrekturen
- 5-Fächer-Lernkartei

- Umgang mit Freiarbeitsmaterialien
- Unterschiedlichste Arbeiten am Computer
  - Freie Texte
  - Reinschriften von Aufsätzen
  - Gedichte
  - Referate
  - Erstellen von Arbeitsblättern
  - Knobelaufgaben
  - Witze schreiben
  - Klassenzeitung
  - Lernspiele usw.
- Bewegungsspiele: Diabolo, Geschicklichkeitsspiele usw.
- Duftorgel, Klangschale usw.
- Gespräche mit der Lehrkraft
- Werkbank
- Arbeit für die Aufsatzkonferenz usw.

8.15 Uhr – ca. 8.45 Uhr: Morgenkreis
Ein beim letzten Morgenkreis von den Kindern ernannter Präsident eröffnet den Morgenkreis, indem er die Klangschale anschlägt. Jedes Kind nimmt sich einen Stein, wenn es etwas Trauriges oder eine Muschel, wenn es etwas Erfreuliches zu berichten hat, und stellt sich in den Kreis.
Der Präsident begrüßt die Klasse, nennt das Datum und die fehlenden Mitschüler. Danach zieht er die Namenskärtchen seiner Mitschüler und des Lehrers und ruft diese nacheinander auf. Kurze Zwischenfragen oder -bemerkungen sind gestattet, jedoch nicht mehr als drei. Das würde die Dauer des Morgenkreises zu sehr in die Länge ziehen. Danach spricht die ganze Klasse das Morgengebet und zuletzt darf sich der Präsident ein Lied wünschen.
Der Wert dieses Morgenkreises ist nicht zu unterschätzen. Zum einen trägt der gemeinsame Beginn viel zu einer harmonischen Klassenatmosphäre bei, zum anderen wird ein großes Unruhepotential abgebaut. Alle sind losgeworden, was sie unbedingt mitteilen wollten und alle haben zugehört.

Ca. 8.45 Uhr – 9.30 Uhr: Wochenplanarbeit
Im Rahmen der Wochenplanarbeit müssen Referate erstellt, Gedichte formuliert, Fakten zu einem Sachunterrichtsthema gesammelt, Arbeitsblätter erstellt werden usw. Dies geschieht unter anderem auch auf dem Computer.

9.50 Uhr – 10. 30 Uhr: Mathematik
Einführung der schriftlichen Division – vorwiegend lehrerzentriert

10.30 Uhr – 11.15 Uhr: Deutsch – Aufsatzkonferenz
Der Lehrer ist Protokollführer und Berater. Reinschriften für die Aufsatzwand können, müssen aber nicht auf dem Computer geschrieben werden.

11.15 Uhr – 11.30 Uhr: Pause

11.35 Uhr – 12.15 Uhr: Sachunterricht
Stationenlauf zum Thema „Von der Wirklichkeit zur Karte“
Die informelle Grundlage für drei Stationen bietet die CD-ROM Microsoft Encarda Enzyklopädie. Dabei geht es um die Bearbeitung von:

- Legenden
- Geschichtlichem: Mappa Mundi, Hereford England 1275, zum damaligen geographischen Weltverständnis
- Längen- und Breitengraden

Der erste Punkt ist für alle verbindlich, der zweite und dritte Punkt sind zur quantitativen und qualitativen Differenzierung vorgesehen.

12.15 Uhr – 13.00 Uhr: Sport.

Obwohl der Lehrer an diesem Vormittag nur 40 Minuten lehrerzentriert unterrichtet, ist er während der restlichen Zeit äußerst aktiv und kann auch endlich individuelle Hilfestellungen geben. Das bietet ein lehrerzentrierter Unterricht nicht in dieser Intensität. Dass der Unterricht so, wie geschildert, funktionieren kann, setzt intensive Vor- und Nachbereitung voraus.

Fachkundige und aktuelle Tipps über geeignete Sofware für die Schule sind unter folgenden Adressen (für Bayern) zu finden:

BUS-CD Archiv
Programme für den Computereinsatz im Unterricht
Diese CDs entstanden in Zusammenarbeit
Bayerisches Staatsministerium für Unterricht und Kultus, München
(http://www.km.bayern.de)
Akademie für Lehrerfortbildung und Personalführung, Dillingen
(http://www.alp.dillingen.de)
Staatsinstitut für Schulqualität und Bildungsforschung, München
(http://www.isb.bayern.de)
Programme: Programme aus dem Angebot der ehemaligen Zentralstelle für Computer im Unterricht.
Materialien: Ausgewählte Materialien (Texte für den Computereinsatz im Unterricht, Datendateien und Programmbeschreibungen) aus der Sammlung der ehemaligen Zentralstelle für Computer im Unterricht, der Akademie für Lehrerfortbildung und Personalführung und des Staatsinstituts für Schulpädagogik und Bildungsforschung.
Herausgeber: Bayerisches Staatsministerium für Unterricht und Kultus
Bestellmöglichkeit: Akademie für Lehrerfortbildung und Personalführung

BUS-CD 2003 (Veröffentlichungen Oktober 2003)
Programme: Die Rubrik Programme enthält für die schulische Verwendung kostenlose Software aus Arbeitskreisen des Staatsinstituts für Schulpädagogik und Bildungsforschung sowie von Kolleginnen und Kollegen. Weitere Programme wurden von Gerd Scheimann, der Firma DaVinci und der Universität Bayreuth zur Verfügung gestellt. Die Programme können in den meisten Fällen ohne vorherige Installation von der CD gestartet werden.
Materialien: Hier finden Sie Handbücher, grundlegende Texte und Beispiele zum unterrichtlichen Einsatz mit zugehörigen PowerPoint- und Excel-Dateien. Die Dateien stammen aus der Akademie für Lehrerfortbildung und Personalführung und dem Staatsinstitut für Schulpädagogik und Bildungsforschung.
Fundgrube: Eine Sammlung von interessanten oder nützlichen Free- und Shareware-Programmen.

Literatur

Affeldt, Manfred et al., KIKO, Kinder konzentrieren sich. Hogrefe Verlag. Göttingen 1998
Arbinger, Roland/Jäger, Reinhold S., Lernen lernen. Landau 1996
Beyer, Günther, So lernen Schüler leichter. Gedächtnis- und Konzentrationstraining. Econ Taschenbuchverlag. Düsseldorf 1987
Bimmel, Peter, Lernstrategien im Deutschunterricht – Funktionen und Vermittlungsfragen. In: Fremdsprache Deutsch. Sondernummer 1995 (S. 16 ff.)
Campbell, Neill A., Biologie. Spektrum Akademischer Verlag. Heidelberg 1997
Dorn, Matthias/Eckart, Mirjam/Thieme, Alfred, Lernmethodik in der Grundschule. Beltz Praxis. Weinheim und Basel 2002
Dröse, Ingrid/Weiß, Lorenz, Lernen lernen – Lernen lehren in der Grundschule. Auer Verlag. Donauwörth 2003
Edelmann, Walter, Lernpsychologie. Beltz Verlag. Weinheim und Basel 1996
Endres,Wolfgang/Bernard, Elisabeth, So ist Lernen Klasse. Kösel Verlag. München 1989
Hentig von, Hartmut, Die Schule neu denken. Beltz Verlag. Weinheim und Basel 1993
Klippert, Heinz, Methoden-Training. Übungsbausteine für den Unterricht. Beltz Praxis. Weinheim und Basel 1996
Koennecke, Gisela, Das Lernen kannst du lernen. Stolz Verlag. Stuttgart 2002
Landolt, Hermann, Erfolgreiches Lernen und Lehren. Band 19. Verlag Sauerländer. Aarau 1995
Leitner, Sebastian, So lernt man Lernen. Der Weg zum Erfolg. Herder Verlag. Freiburg 1995
Miller, Reinhold, Lehrer lernen. Beltz Taschenbücher. Weinheim und Basel 1999
Mietzel, Gerd, Pädagogische Psychologie des Lernens und Lehrens. Hogrefe Verlag. Göttingen 1998
Meyer, Hilbert, Was ist guter Unterricht? Cornelsen Verlag. Berlin 2004
Nold, Gunter (Hrsg.), Lernbedingungen und Lernstrategien. Gunter Narr Verlag. Tübingen 1992
Ohly, Michaela, Richtig lernen in der Grundschüle. Bibliographisches Institut. Mannheim 2004
Oerter, R., Montada, L., Entwicklungspsychologie. Beltz PVU, Weinheim und Basel 1998
Ortner, Alexandra/Ortner, Reinhold, Verhaltens- und Lernschwierigkeiten. Beltz Verlag. Weinheim und Basel 2000
Peschel, Andrea, Ich bin so froh, dass es mich gibt. Care-Line Verlag. Neuried 1996
Sarasin, Susanna, Der Lernen und Lehren von Lernstrategien. Kovac Verlag. Hamburg 1995
Schmidt, Robert F./Thews, Gerhard/Lang, Florian, Physiologie des Menschen. Springer Verlag. Berlin 2000
Schräder-Naef, Regula, Schüler lernen Lernen. Beltz Verlag. Weinheim und Basel 1996
Spitzer, Manfred, Lernen – Gehirnforschung und die Schule des Lebens. Spektrum Akademischer Verlag. Heidelberg 2002
Trepel, Martin, Neuroanatomie – Struktur und Funktion. Verlag Urban und Fischer. München 1999
Weinert, F. E., Lernen lernen und das eigene Lernen verstehen. In: K. Reusser, M. Reusser-Weyeneth (Hrsg.) (1994), Verstehen. Psychologischer Prozess und didaktische Aufgabe. (S. 183 – 206)
Vester, Frederic, Denken, Lernen, Vergessen. DTV. München 2004 (30. Aufl.)
Vollmer, Günter/Hoberg, Gerrit, Lern- und Arbeitsstrategien. Behalten – Verarbeiten – Anwenden. Beilage: Lösungsblatt. Klett WBS Bibliothek. Stuttgart 1988
Zitzelsberger, Helga, Ganzheitliches Lernen. Beltz Verlag. Weinheim und Basel 1995

Das Autorenteam

Hannelore Langer, Lehrerin an einer Grundschule im Landkreis München, Veröffentlichungen zu verschiedenen Themen im Oldenbourg Schulbuchverlag

Andreas Langer, früher Grundschullehrer und Schulleiter, jetzt Schulamtsdirektor in München, Veröffentlichungen zu verschiedenen Themen im Oldenbourg Schulbuchverlag

Barbara Mang, Seminarrektorin in München, Veröffentlichungen zu verschiedenen Themen im Oldenbourg Schulbuchverlag

Suse Schöttle, Schulleiterin an einer Grundschule in München, Veröffentlichung zum Sachunterricht im Oldenbourg Schulbuchverlag

Gabriele Strehle, Schulleiterin an einer Grundschule in München, qualifizierte Beratungslehrerin, Veröffentlichungen zu verschiedenen Themen